Susanna Schwager
Michael Hegglin
Gebrauchsanweisung für Mexiko

Susanna Schwager
Michael Hegglin

Gebrauchsanweisung für Mexiko

Piper
München Zürich

Außerdem liegen vor:

Gebrauchsanweisung für Amerika von Paul Watzlawick
Gebrauchsanweisung für China von Uli Franz
Gebrauchsanweisung für Deutschland von Maxim Gorski
Gebrauchsanweisung für England von Heinz Ohff
Gebrauchsanweisung für Finnland von Claus Haar
Gebrauchsanweisung für Griechenland von Martin Pristl
Gebrauchsanweisung für Irland von Ralf Sotscheck
Gebrauchsanweisung für Israel von Martin Wagner
Gebrauchsanweisung für Japan von Gerhard Dambmann
Gebrauchsanweisung für New York von Natalie John
Gebrauchsanweisung für Schottland von Heinz Ohff
Gebrauchsanweisung für die Schweiz von Thomas Küng
Gebrauchsanweisung für Tschechien von Jiři Gruša
Gebrauchsanweisung für die Türkei von Barbara Yurtdaş

ISBN 3-492-04999-0

Gesetzt aus der Bembo-Antiqua
Gesamtherstellung: Clausen & Bosse, Leck
Printed in Germany

Für
Griselda Ruiz de Pasapera
und
Yvonne Griss Dietlicher,
die uns vorausgingen.

Für Helena,
die uns begleitete.

Inhalt

Vorbemerkung

Drei Dinge vorneweg, damit Sie beim Lesen nicht daran Anstoß nehmen:

- Mexiko ist ein riesiges Land, sechsmal so groß wie Deutschland, fünfzigmal so groß wie die Schweiz. Zwischen dem reichen Monterrey im Norden und dem armen Chiapas im Süden liegen nicht nur eineinhalbtausend Kilometer, sondern Welten. Welten passen nicht unter Hüte, schon gar nicht unter einen. Wir mußten uns beschränken. Manche Besonderheiten oder regionale Unterschiede sind nicht verzeichnet. Mit der Zeit werden Sie trotzdem eine Ahnung bekommen von der Vielfalt dieses schillernden »Kontinents«. Wir geben Ihnen ein Kaleidoskop in die Hand, das Sie bewegen können, wie Sie wollen – Sie können das Buch von Anfang bis Ende lesen oder genausogut an irgendeiner Stelle einsteigen und einfach Ihrer Neugier folgen.
- Viele Lateinamerikaner ärgern sich zu Recht, wenn Sie (oder die *Frankfurter Allgemeine Zeitung* oder die *Neue Zürcher Zeitung*) von »Amerika« reden und damit die USA meinen. Kämen Sie sich nicht herabgesetzt vor, wenn die Amerikaner (also zum Beispiel die Mexikaner ...) dauernd und nur dann von »Europäern« redeten, wenn sie ausschließlich die Franzosen meinten?

»Amerika« heißt der Kontinent, der von Alaska bis nach Feuerland reicht. Die Vereinigten Staaten sind ein – zugegeben mächtiger – Teil dieses Kontinents und heißen in diesem Buch deshalb USA. Ihre Bewohner nennen wir im allgemeinen US-Amerikaner oder salopp wie die Mexikaner *gringos*.

• Mit der gleichen Logik müßten wir, wenn wir »Mexikaner« sagen, uns vorwerfen, daß wir die 51 Prozent weibliche Bevölkerung Mexikos ausschließen. Das tun wir, leider, ohne es zu meinen. Das Deutsche hat jedoch wie die meisten Sprachen bisher keine Alternative bereit, die ein vernünftiges Schreiben *und* Sprechen möglich machte, ohne dabei die Frauen auszuschließen. Lösungen wie MexikanerInnen oder Mexikaner, -innen sind zwar »korrekte«, aber schrecklich häßliche Kopfgeburten. Wir bleiben daher bei der alten, unbefriedigenden Variante.

Im Reich der Sinne

Mexiko für graue Mäuse

Wenn Sie sich an die Armlehnen des Flugzeugsitzes klammern in der Überzeugung, daß gerade jetzt Ihr letztes Stündchen geschlagen habe, da Sie nur noch wenige Meter über dem endlosen Häusermeer der Stadt Mexiko schaukeln und nirgends ein Flughafen in Sicht – dann sei Ihnen trostreich versichert, daß Ihnen beim letzten Atemzug vor der Himmelspforte wenigstens ein aphrodisischer Geruch vergönnt wäre: die süße, die mütterlich sinnliche Ausdünstung der größten Stadt der Welt. Da Sie jedoch mit allergrößter Wahrscheinlichkeit heil in ihren Armen landen, wird er Sie erst mit dem ersten Schritt, den Sie aus dem Flugzeug setzen, umfangen, dann aber bestimmt und unverkennbar. Es mag unwahrscheinlich klingen: Mexiko-Stadt stinkt nicht, im Gegenteil.

Zwanzig Millionen Menschen, die auf »kleinem« Raum und umgeben von Bergen ihren Tätigkeiten nachgehen, die einen Großteil ihrer Zeit unter freiem Himmel verbringen, dort kochen, essen, schwitzen, waschen, lieben, schlafen, kreieren ein Parfüm, das es sonst nirgends auf der Welt gibt. Stellen Sie sich eine Mischung vor aus gekochtem Mais mit einer Spur Kalk – Tortillas; darüber die scharfgrüne Note von Chilischoten, ein Hauch nur; dann Fichtenharz in Seifenlauge, aus dem das allgegenwärtige (biologisch abbaubare) Putzmittel *Pinol* gemixt ist, überlagert vom hochkonzentrierten *Clarasol*, mit dem Bett- und Unterwäsche gebleicht wird; der energetische, tüchtige, etwas rechthaberische Geruch der Eukalyptusbäume, die einen großen Teil der 17000 Kilometer hauptstädtischer Straßen säumen; tief darunter der melancholische Geruch von Moor, eine Erinnerung an Algen, jener schwere Atem der letzten sterbenden Lagunen, die früher das »Venedig Amerikas« trugen und von denen fast alle ausgetrocknet sind; dann der bittersüße Geruch der Abgase – drei Millionen Fahrzeuge –, die in der dünnen Bergluft eine merkwürdig helle Färbung annehmen; der hochkonzentrierte, warme Geruch von Kleidern, Haut, Gemüse in der Untergrundbahn; der Eiergeruch, der Ratten- und Rohrgeruch der Kanalisation; dazwischen die ölige Frische von Schuhcreme, die Sonntagsnote von Haaröl, Kölnischwasser, Venusseife; und nicht zuletzt der quittenähnliche Duft überreifer Guaven, den Dichter besungen haben. Über allem, als dunkler Schleier, grau und braun und schwefelgelb, ein Urgeruch, ein Aschegeruch, herübergeweht aus dem Schlund des Vulkans, des »traurigen Prinzen« Popocatépetl.

Die Symphonie der Gerüche, die einen bei der Landung in der Hauptstadt empfängt, ist eine erste Einstimmung in das Sinnenbad, das einem in diesem Land täglich bereitet wird. Wenn Sie Ihre Nase schon etwas gewöhnt haben an die heftigen, die unverschämten und leidenschaftlichen Gerüche, die in Mexiko noch nicht wegdeodoriert und vereinheitlicht wurden nach der Norm nordeuropäischer Autotännchen oder dem Erdbeerdiktat US-amerikanischer Chemiekonzerne, werden Sie auf den Geschmack kommen und bald genüßlich Ihre Nase in alles stecken. Ihre neu erwachten Geruchssensoren werden Sie auf den Markt führen, dem Zentrum allen mexikanischen Seins und Riechens.

Der Marktplatz von Tlatelolco: Ganz Neuspanien bot hier seine Erzeugnisse an. Dort wurden gekochte süße Yukawurzeln und andere aus dieser Pflanze gewonnene Produkte angeboten. Es gab rohe und gegerbte Häute von Tigern, Löwen, Schakalen, Fischottern, Rotwild, wilden Katzen und anderen Raubtieren. Wir fanden aber auch Stände, an denen Bohnen, Salbei und vielerlei andere Gemüse und Gewürze verkauft wurden. Es gab einen besonderen Geflügel- und Wildbretmarkt, einen für Kuchenbäcker und einen für die Wursthändler. Wir gingen an Verkäufern von Honig, Honigkuchen und anderen Leckereien vorbei, an Möbel-, Holz- und Kohlenhändlern. Ganze Kähne mit menschlichen Fäkalien lagen am Ufer. Die Mexikaner brauchten sie zum Gerben. Ich finde kein Ende mit dieser Aufzählung, und doch habe ich das Papier, die Röhren mit dem flüssigen Eukalyptusöl und mit dem Tabak, die wohlriechenden Salben und die Hallen mit den Sämereien noch gar nicht genannt, ganz zu schweigen von den Heilkräutern. Und nun hätte ich noch fast die Handwerker vergessen, welche die Feuersteinmesser machen, das Salz, den Fischmarkt und die Brote, die aus getrocknetem Schlamm gemacht werden, den man in den Seen fischt. Sie schmecken wie Käse.

Zu beschreiben, was Bernal Díaz del Castillo 1568 in seiner »Wahrhaften Geschichte der Entdeckung Mexikos« atemlos aufzuzählen versucht, wäre auch heute noch ein Ding der Unmöglichkeit. Das Inventar eines mexikanischen Marktes zu erstellen ist etwa so anspruchsvoll, als würde man alle Erscheinungsformen von Rohprodukten, Waren und Gütern, die auf dem Kontinent vorkommen, erfassen wollen. Was der Mensch in Zusammenarbeit mit der Natur zu erzeugen, zu kultivieren und raffinieren vermag, erscheint auf dem Markt und findet dort seinen Platz. Auf allerkleinstem Raum, in winzigen Verkaufsständen von ein paar wenigen Quadratmetern, türmen sich, kunstvoll geschichtet und geordnet – Mexikaner sind Meister des Arrangements –, Hunderte, Tausende, Abertausende von Dingen vor Ihrer Nase. In den warmen, schwach beleuchteten Hallen, den *mercados municipales*, mit denen der Staat immer wieder und immer erfolglos dem ausufernden Handelswucher Einhalt zu gebieten sucht, umgibt Sie ein Konzentrat all dessen, was das hungrige Herz begehren kann. Da sind manierlich Schweinsköpfe mit Petersilie im Maul drapiert, da reihen sich Frucht- und Gemüsestände, die aussehen wie Fenster zum Paradies, da türmen sich Mais-, Palm- und Bananenblätter sauber gebündelt zu soliden Mauern, da liegen getrocknete Heuschrecken, Leguanhäute und Kräuter neben ofenfrischer französischer Patisserie in leuchtender Zuckerfarbe, flattern Girlanden aus Papier oder Blüten, thronen bunte Plastikbehälter, gefüllt mit vielerlei Sorten Mais, Bohnen und Chilipaste, nicht zu vergessen die Schokolade, die in großen, glitzerndbraunen Blöcken neben den ebenmäßigen Kegeln der *piloncillos* steht, den Hüten aus eingedickter Rohrzuckermelasse. Was das alles für eine Nase bedeutet, die an Einheitsgerüche, an sterilisierte, vakuumverpackte und unterkühlte Waren in olfaktorischer Habachtstellung gewöhnt ist, werden Sie herausfinden. Der Gang über einen mexikanischen Markt ist wie ein Gang durch einen dampfenden, wobernden, saft- und kraftstrotzenden Dschungel, ein bißchen so, als würde man durch die Mägen eines gut genährten und friedlichen Urgetüms spazieren, tief beeindruckt, etwas ängstlich und sinnlich höchst stimuliert. Pablo Neruda drückte es geradezu zurückhaltend aus: »Mexiko lebt auf seinen Märkten; auf den Märkten, wo das Gemüse sich wie eine Blume darbietet und wo der Reichtum an Farben und Gerüchen Schwindel erregt.«

Mexiko riecht. Mexikos Friedhöfe riechen nach Tod, die Kirchen nach Himmel, die Nächte nach warmem Stein und *huele-de-noche*, einer betörenden Art Jasmin, nach Orangenblüten, *azahares*; die Märkte riechen nach Leben. Kein Ort, an dem es nach nichts riecht, keine Stelle, die nicht durchdrungen wäre von einem vielfarbigen Atem.

Vielfarbig: Zwanzig verschiedene Rottöne bringe die Bougainvillea hervor, die orgiastischen Dornenkronen sämtlicher Mauern Mexikos, angefangen beim allgegenwärtigen Rosa, das den Mexikanern ein Bedürfnis ist wie den Nordeuropäern das Beige, über betörendes Carmen-Rot bis zu einem warmen Erdton, der an alte Fotos erinnert. Da sind die Bäume, *colorines, jacarandas* und *tabachines:* majestätische Wegmarken, prachtvolle Alleen von roter, lila und oranger Farbe. Da sind die Zäune: Hibiskus-, Azaleen-, Oleander- und Gardenienbüsche. Die *aves de paraíso*, meterhohe Paradiesvogel- bzw. Papageienblumen mit blauen Bärten. Und immer wieder, als ruhende Inseln im Farbenmeer, die Königin der mexikanischen Flora, die sanfte, leuchtend weiße *alcatraz*, bei uns unter dem Namen »Kalla« bekannt. Darüber ein schwerer, tiefblauer Himmel. Wenn sich das überraschende Licht, wie Pablo Neruda es nannte, das harte, kontrastreiche Licht, wie der Fotograf Edward Weston es sah, über Mexiko legt, ersteht eine Welt von solcher Farbintensität, als hätte der liebe Gott mit der Spraydose gearbeitet, werbegerecht. Farbe ist ein Symbol des Lebens, sie ist in Mexiko allgegenwärtig. Farbe ist den Bewohnern so lebensnotwendig wie die Wärme. Die prähispanischen Kulturen des zentralen Hochlands bauten ihre Städte in karge Landschaften, in denen ein stilles Ocker dominiert haben mag, und bemalten sie mit leuchtenden Farben. Durch die Farbe schufen sie einen *Ort*, einen belebten Raum in der endlosen Weite, machten sich die Landschaft untertan. Auch heute noch reden in mexikanischen Ortschaften volltönende Farben heftig durcheinander; keine Mauer, die nicht bemalt, meist frisch bemalt wäre. Darauf piktogrammische Botschaften; auch die Werbung wird in Mexiko größtenteils direkt auf die Mauern gepinselt.

Es verwundert nicht, daß Mexiko immer ein Land der Künstler war. Ähnlich wie Griechenland oder Italien brachte es Hochkulturen hervor und inspirierte die Menschen zu großen gestalterischen Werken. Auch in diesem Jahrhundert hat Mexikos einzigartiges Licht und die Fülle bizarrer, dramatischer Landschaften unzähligen Künstlern Modell gestanden. Daß sich vor allem die Fotografie, der Film und die Architektur einen wichtigen Platz schaffen konnten auch im internationalen Vergleich, scheint kein Zufall. Mexikanische Fotografen wie Manuel Alvarez Bravo, Graciela Iturbide, Pablo Ortiz Monasterio, um nur wenige aus der beachtlichen Reihe außergewöhnlicher Fotografen zu nennen, Film-

Regisseure wie Alfonso Arau *(»Como agua para chocolate«)*, Arturo Ripstein *(»Profundo Carmesí«)* und Paul Leduc *(»Frida Kahlo«)* brachten mexikanisches Licht auch in unsere Breitengrade. Architekten wie Pritzker-Preisträger Luis Barragán, Juan O'Gorman und Ricardo Legorreta schufen mit den zugleich strengen und spielerischen, mit den unglaublich vitalen Farb- und Formmeditationen ihrer Bauten eine Hommage an dieses unfaßliche Land, in dem die Extreme sich vereinen und die Erkenntnisse zahlloser Kulturen sich kristallisieren: der mesoamerikanischen und asiatischen, der europäischen und arabischen.

Das relativ kleine, überschaubare Werk Luis Barragáns, seine Wohnhäuser, Gartenanlagen und Brunnen, seine Monumente und Mauern sind eine tiefe Verneigung vor dem Geheimnis des Lebens. Barragán sagte einmal: »Schönheit liegt für mich da, wo zwei Extreme sich berühren: das Mysterium der Religion und die Magie des Sinnlichen, des Erotischen.«

Zahllose Dichter und Künstler versuchten in Mexiko Kunst und Leben auf den Grund zu kommen, darunter die Regisseure Luis Buñuel und Sergej Eisenstein, die Fotografen Tina Modotti und Edward Weston, die Schriftsteller B. Traven, Anna Seghers, Egon Erwin Kisch, Malcolm Lowry, André Breton, Jack Kerouac, William S. Burroughs, Pablo Neruda und Gabriel García Márquez und die Maler Leonora Carrington und Fernando Botero.

Mexiko riecht, es leuchtet – und es tönt. Die Natur ist nicht verstummt und domestiziert in strenger Einsilbigkeit, noch nicht untergegangen im öden Dröhnen unserer nördlichen Industriebreiten. Wenn Sie einmal den klagenden Ruf der *cigarras* gehört haben, die, wie die Leute sagen, den ersehnten Regen beschwören, dieses überirdische, wie elektrisch verstärkte Sirren, das eher an ein landendes Ufo erinnert als an eine zarte Grille und einem die Haare sträubt, dann haben Sie vielleicht eine Ahnung, wie die Welt vor langer Zeit getönt haben mag. Das Gezwitscher, Geflöte und Geschnatter Hunderter schwarzer *zanates*, ein Mittelding zwischen Amsel und Elster, das einem abends auf jedem *zócalo*, dem Hauptplatz, die Sprache verschlägt, als würde sich ein Symphonieorchester in den Bäumen einstimmen; das kichernde Schnalzen der *güijas*, fingergroßer, fast durchsichtiger Echsen, die in warmen Gegenden jedes Haus bevölkern und neben Spinnen und kleinen Skorpionen auch kleine Kinder fressen, wie es heißt; das kampflustige Gebell der Rudel wilder Hunde, der Herren der mexikanischen Nacht; die Hähne, die auch in hochmodernen Städten zu jeder Tages- und Nachtzeit ihre Lebensfreude kundtun; und überall das Lachen, das Singen, das Weinen der Kinder, denn in Mexiko ist jeder vierte Mensch ein Kind – all dies begleitet Sie wie ein variantenreicher Herzschlag.

Geweckt werden Sie von unermüdlichen Händlern. Da ist der Maiskuchen-Verkäufer, der auf dem umgebauten Fahrrad frühmorgens seine Runden durch die stillen Viertel dreht und *Tamaleeees* ruft, Ihnen ein warmes Frühstück an die Haustür bringt. Wenn er abends wiederkommt, wissen Sie, daß *la tarde*, der Nachmittag, in *la noche*, den Abend, übergegangen ist. Den ganzen Tag über ist der Äther voller Botschaften, die Ihnen, wenn Sie sie zu entziffern gelernt haben, etwas anbieten:

Die fünf Töne der Panflöte des Scherenschleifers, der mit seinem – auf ein abgewandeltes Zweirad montierten – Schleifstein langsame Runden dreht; der melancholische Klang des Triangels, den der Junge mit den süßen Oblaten an einer Hanfschnur hält; die Vogelpfeife des Ballonverkäufers; der langgezogene, klagende Pfiff aus dem Dampfrohr, mit dem der *camote*-Verkäufer die Hitze unter seinen Süßkartoffeln reguliert; der heisere Schrei *Fierroo viejooooo* des Alteisenhändlers; der Singsang des eleganten Herrn auf dem Rennrad, der – *Quieeere pollooo?* – Hühnerbeine feilhält; die Kaugummiverkäufer, die an jeder Straßenecke stehen und ihre Litanei runterbeten wie einen Rosenkranz: *Cinco-paquetes-de-chicles-de-cinco-differentes-sabores-para-uni-camente-cinco-pesoooos* – »fünf Paket Kaugummi in fünf verschiedenen Geschmäckern für nur fünf Pesos«; der stolze Ruf des alten Mannes auf dem Maultier, *Tierra! Tierra!*, der aus den Wäldern frische Erde in großen Säcken in die Städte bringt; und schließlich die Polizeisirene aus nordamerikanischen Krimis, mit der die Gashändler potentielle Käufer aufschrecken.

Baustellen sind keine Qualen fürs Trommelfell, sie haben etwas Gemütliches. Da klopfen, hämmern, schaufeln, schaben und sägen viele Männer von Hand, was klingt wie bei den Sieben Zwergen. Zudem ist Arbeiten ohne Preßluftbohrer, Bagger und Dampfwalze in der heißen Sonne sehr anstrengend, viele Pausen sind nötig, und schon haben alle wieder Ruhe.

Irgendwann wird, wenn Sie Glück haben, ein überraschendes Sturmgeläut die Straße runter lärmen, in der Ferne kehrtmachen und ein zweites Mal vorbeischeppern: die Kehrichtabfuhr. Sie werden in aller Eile Ihre dampfenden Abfallsäcke einsammeln und gemeinsam mit den anderen Nachbarn und Hausangestellten sich an die Ecke der nächstgrößeren Straße in eine Reihe stellen, dem röhrenden und riechenden Gefährt beschwörend entgegensehen, aufatmen, wenn es anhält. Offizielle Abfallsammler sind in Mexiko Könige, ihre Anführer nicht selten Millionäre. Daß der Abfall abgeholt wird, ist eine Gunst, die nicht jedem zuteil wird. Sie reichen denn entsprechend demütig Ihre Säcke auf den Wagen, entrichten, wenn es viele sind, ein kleines Trinkgeld. Dann schlägt der Junge, der auf dem Dach des Gefährts thront, wieder mit dem Rohr auf ein Stück dickes Eisen, und weiter geht's. Das Geräusch geht einem so ins Blut über, daß Jao Mateo, der dreijährige Freund unserer Tochter, in einer Kirche während des Wandlungsgeläuts laut und deutlich in die andächtige Stille rief: *Basuula, basuuula (basura)*! – Abfall!

Wer es ein bißchen weiter gebracht hat, verstärkt seine Stimme mit Megaphon. Bisher sind es allerdings erst der Gemüsehändler, der »paradiesische Papayas, himmlische Mangos, sensationell günstige Orangen« über den Blechtrichter anbietet, und der Putzmittelverkäufer, der der Hausfrau – *Señoraaa, amaaa de casaaa* – über Lautsprecher anrät, alles, was sie zu Hause habe, wegzuschmeißen, weil er nun das Beste und das Billigste liefere.

Über Lautsprecher werden Sie sonntags auch auf den richtigen Weg geführt. Nachdem zwei rachitische Glocken mit einem wahren Missionsklang den Sonntagabend verkündet haben, räuspert sich der Pfarrer ins Mikrophon, *uno – dos*, und begrüßt seine Gemeinde, die Anwesenden im offenen Kirchhof ebenso wie die Zuhausegebliebenen.

Auf den Stufen eines Hauseingangs ein paar Häuser weiter sitzt vielleicht ein alter Mann mit einer alten Gitarre, zupft sie zärtlich und singt dazu ein altes Liebeslied:

Ist es ein Wunder, daß die Wellen, Llorona
Perlen an Land spülen, Tausende.
Wo ich eines abends Dich sah, Llorona
Dich weinen sah am Meeresrand.

In der düsteren Nacht, Llorona
das Licht Deiner schwarzen Augen.
Die Hähne begannen zu krähen, Llorona
sie meinten, es wäre schon Morgen.

Tag für Tag, wenn es dunkelt, Llorona
dreht mir der Kopf und ich frage:
Was soll ich in meinem Bett, Llorona, Llorona
Wenn ich Dich nicht bei mir habe.
...

Musik gehört zum Sonntag, Musik gehört zum Alltag. Kein Dorf, kein Stadtviertel, das nicht eine stolze *banda* hätte. Die *banda* ist eine Blechmusik, die mit sehr viel künstlerischer Freiheit und sehr viel Sentiment jeglichen gemeinschaftlichen Anlaß musikalisch begleitet. Dazu der archaische Rhythmus der *cohetes*, handgemachtes Feuerwerk, das zu jeder Tages- und Nachtzeit und selbst zur allerkleinsten Feierlichkeit in den Himmel pufft und zischt. Jack Kerouac, der neben »On the Road« auch den »Mexico-City-Blues« schrieb, sah es so:

Wenn die Mexikaner ein Feuerwerk haben, stehen alle da

und brüllen OOOH!, bis sie von einem Hagel riesiger Stücke fallenden Feuers überschüttet werden, der reinste Wahnsinn. Es ist wie Krieg. Niemand stört sich daran. Ich sah, wie ein Flammenrad mitten in eine Menschenmenge auf der anderen Seite des Platzes hineinrotierte. Männer stürzten davon, um Kinderwagen in Sicherheit zu schieben. Immer weiter zündeten die Mexikaner noch verrücktere, noch größere feststehende Sachen an, die überall ringsum zischten und explodierten. Zum Schluß ließen sie ein Sperrfeuer von abschließenden Bumbums hochgehen, die wunderschön waren, und ganz zuletzt dann das Finale mit der großen Gott-Bombe, BUM! (& alles geht nach Hause).

Auch Naturtöne werden benutzt, um eine fröhliche oder geheimnisvolle Atmosphäre zu schaffen. Über Ostern oder andere Feiertage sind mancherorts die Wände der Dorfkirchen über und über mit Käfigen behangen, und Dutzende von Täubchen erfüllen die Räume mit friedlichem Gurren.

Musik liegt den Mexikanern im Blut. Singen und Tanzen kann jeder, wenn es auch weniger öffentlich gezeigt wird als etwa in der Karibik. Jede Region hat eine höchst eigenständige Volksmusik, als hätte die Einheitsbrühe aus internationalen Konserven noch nicht alles überschwemmt. Das Spektrum reicht weit über die *Mariachis* mit dem schmetternden Schmelz von Trompeten und Tenören, Geigen und Gitarren hinaus, reicht von den Marimbatänzen tropischer Gegenden bis zu den hüpfenden Harmonika-Polkas der Viehsteppen des Nordens, von den knirschenden Violon-*Sons* der Huastecas bis zu den swingenden Harfen der Golfregion. Es gibt eine unerschöpfliche Tradition von Volksmelodien, die sich während des goldenen Zeitalters des mexikanischen Films in den vierziger Jahren durch Interpreten wie Jorge Negrete und Pedro Infante in sämtliche Mexikanerherzen einbrannten, während Agustín Lara mit schwindsüchtiger Stimme unglückliche Lieben in unsterbliche Lieder verwandelte. In neuerer Zeit verhalfen Linda Ronstadt, die mit ihren *Canciones de mi Padre* Europa und die USA eroberte, und Chavela Vargas mit ihrer Wüstenstimme den alten Liedern zu neuem Leben. Chavela Vargas trug sie in den Filmen des Spaniers Pedro Almodovar um die ganze Welt.

Farben, Töne und Gerüche – »um die unglaubliche Wirklichkeit Mexikos zu beschreiben, bräuchte man viele Bücher«. Gabriel García Márquez, der in Mexiko wohnt, bemerkte dies; bisher hat er sich der Aufgabe nicht gestellt. Um diese Wirklichkeit zu *erleben*, reicht es jedoch, irgendwo in diesem Reich der Sinne zu landen und zu verweilen.

Es ist nicht alles Gold, was glänzt
Mexiko für Sonnenkinder

Falls Sie zu jener Sorte Mensch gehören, die sich zwar gerne am Meer, aber weniger gern nackt inmitten schwitzender Massen aufhalten, so sind Sie hier gerade richtig. Mexiko ist ein riesiges Land, und es ist zum größten Teil von Wasser umgeben. Es gibt weit mehr Strand- als Autobahnkilometer. Außer von der mächtigen Grenze zu den USA im Norden – die mit ihren dreitausend konfliktreichen Kilometern länger ist als die chinesische Mauer – und der wesentlich kürzeren Berührung mit Guatemala und Belize im Süden wird Mexiko über stattliche zehntausend Kilometer von den beiden größten Ozeanen gerahmt: vom pazifischen Meer im Westen und vom atlantischen im Osten. Die Küsten sind nur dünn besiedelt. Man stelle sich ein Band glitzerndweißer Sandstrände vor, von glasklaren blauen und grünen Wellen umspült, das sich von Frankfurt bis Mexiko-Stadt zieht und über das man während etwa dreizehn Stunden hinwegfliegt, einer Sonne entgegen, die fast das ganze Jahr am tiefblauen Himmel steht, gnadenlos und anbetungswürdig. Vielleicht mögen Sie sich vergnügungshalber für eine Weile im Off irgendeines Badeortes, Acapulco zum Beispiel, in bequemer Kleidung an einen bequemen Tisch setzen, sich an der frischen Brise und dem gekühlten Saft einer Kokosnuß laben und dem Treiben zuschauen. So können Sie einiges erfahren über die kleinen kulturellen Unterschiede. Gestatten Sie uns einige – nicht allzu ernst gemeinte – Verallgemeinerungen.

Sie werden das stundenlang schweigende Bauch- oder Rückenliegen auf zu kleinen unifarbenen Handtüchern der Europäer beobachten, das endlose Sitzschwitzen im juckenden Sand, das viele Kanadier mögen, und das einbalsamierte Dauerbrennen der US-Amerikaner – aufgelockert von rituellen Ballspielen – im Direktkontakt mit dem Tropengott. Einheimische präparieren dazu das Ambiente: winzig-weiße Schirme, die dem Sonnengebet mit nichts im Weg stehen, tiefblaue gepolsterte Liegen für stundenlange Sessions, Meßalkohol und -speisen in Form der ortsüblichen *Piña coladas* und *Margaritas, Tortillachips* und *Guacamole*, im Hintergrund weichgespülte *Mariachi*-Musik, auch mal Klavierklänge von Richard Claiderman, »Let it Be« in der Panflötenversion oder eine immer kleinere Nachtmusik. Im heißen Sand stecken meditativ violette Tischchen, darauf Tischtücher in ekstatischem Pink. Hibiskusblüten in Tonvasen oder türkis bemalte Steinbrocken dienen als Tuchbeschwerer. Unter dem Palmdach der Strandbar – der Papagei, der dunkle Boy am Schüttelbecher, die Blondine mit den afrikanischen Zöpfchen – flattern Girlanden aus gestanztem Plastik im Wind, darauf die traditionellen Motive: lachende Totenköpfe, Särge und Knochengerippe, Vögel, Mond, Blumensträuße und natürlich die Sonne. Mexikaner sind Meister der stimmungsvollen Hintergründe. Und gewiefte Künstler im Geschäft mit dem Obolus.

Nada más, amigo? ist wohl die häufigste Frage, die ein mexikanischer Strand-Kellner seinem zahlungskräftigen Gast stellt. Ein *amigo*, in den letzten Jahren immer häufiger ein *maifrend*, ist grundsätzlich jeder potentielle Kunde, sofern er Ausländer ist. Zu einem Freund sagt ein Mexikaner nicht *amigo*. Spricht er jemanden so an, bedeutet das, daß er den Schamanen auf der Zunge hat, daß er Schönwetter macht: Er will was von Ihnen. Er hat gemerkt, daß viele Reisende, vor allem aus dem nördlichen Nachbarland, es vertraulich mögen, daß sie gerne kumpelhaft, locker und »typisch mexikanisch« angesprochen werden. Doch ein Mexikaner ist Fremden gegenüber grundsätzlich auf der Hut. Er läßt sich dies nicht anmerken, bleibt stets höflich – und vorsichtig. Ein freundliches *amigo* schafft eine positive Atmosphäre, signalisiert Bereitschaft, in Kontakt zu treten. Und da Mexikaner genuine Händler sind – die Hochkulturen Mesoamerikas hielten ihre zersplitterten Reiche unter anderem dank eines Heers diplomatisch geschickter Fernhändler zusammen –, bieten sie die gewünschte saloppe Atmosphäre als Grundlage zu einem Geschäftskontakt. Der tüchtige mexikanische Kellner suggeriert verhalten, aber zäh: »*Nada más, amigo* – ist das schon alles, mein Freund? Bist du nicht im Urlaub, gefällt es dir denn nicht? Möchtest du dir nicht noch etwas gönnen? Oder deiner Frau? Solltest du nicht zeigen, daß du es dir leisten kannst, und ein wenig großzügiger sein?«

In Mexiko darf grundsätzlich jeder überall und jederzeit Geschäfte machen. Es gibt fast nichts, was man nicht verkaufen, und niemanden, der nicht etwas kaufen könnte. Es gibt auch kaum einschränkende Regeln. Als Grundhaltung gilt: Wenn du Gelegenheit zu einem Geschäft hast, so nutze sie, so gut du kannst. Gehsteige, Fernbusse, Straßencafés und Schulen, Hauseingänge, Wohnstuben, Untergrundbahnen und Polizeistationen, Krankenhausvestibüle, Kirchen, Friedhöfe und Sonnenstrände; kein Ort, wo nicht gehandelt würde. Dabei hat die Kaste der fliegenden Händler von alters her Sonderprivilegien: Sie zahlen weder Steuern noch Mieten, und sie werden überall toleriert. Oft mehr als das, denn in früheren Zeiten brachten sie Kostbarkeiten von weit her. Für fliegende Händler gibt es keinen Privatgrund. Es stört sich also niemand daran, wenn Ihnen im Restaurant zum duftenden Teller *camarones al mojo de ajo* – knackigen Riesengarnelen mit Knoblauchbutter – ein Händler als Beilage staubige Erdnüsse verkaufen will oder eine Händlerin wie Blumen geschnittene, auf Holzstäbchen gespießte Mangos. Indiokinder, die kaum über die Tischkante reichen und *chicles* verkaufen – Fünferpäckchen mit farbigen Kaugummiplättchen, eine Art Urahne des Kaugummis –, gehören genauso selbstverständlich zum mexikanischen Inventar wie die Rudel wilder stolzer Hunde. Wer ein Geschäft macht, der hat das Recht auf seiner Seite. Wer lukrative Geschäfte macht, verdient Respekt und gewinnt Ansehen. Welcher Art diese Geschäfte sind, geht niemanden etwas an. Da spielen weder Geschlecht noch Alter, weder Schicht- oder Stammeszugehörigkeit noch Hautfarbe eine große Rolle.

Barato, barato, gurren denn unermüdlich die schaukelnden kleinen Indiofrauen, die überall im Land die Touristen umschwärmen wie die Tauben in Venedig deren Körner streuende Pendants. Dazu bewegen sie auffordernd ihre über und über behängten Arme – »billig,

billig« –, so daß Hunderte bunter, handgefertigter Ketten aus allen möglichen Materialien glitzern und klirren. Die Frauen, Fernhändlerinnen, reisen mit ihrer Kinderschar täglich in stundenlangen Busfahrten aus den ärmeren Regionen an die Badeorte, um mit den Fremden Geschäfte zu machen. Obwohl sie häufig nur gebrochen Spanisch sprechen, erwarten sie vom Handelspartner, daß er oder sie so selbstbewußt und kräftig feilscht wie sie selber, und nennen einen für einheimische Maßstäbe unverschämten Preis. Das gehört zum Kaufritual, zum Kräftemessen, bei dem es auf Ausdauer, Phantasie und Willensstärke ankommt. Daß der genannte, viel zu hohe Preis von den Touristen meist widerspruchslos bezahlt wird, interpretieren die Mexikaner als Schwäche und Dummheit – die Gringos verstehen es nicht, Handel zu treiben. Von unterschiedlicher Kaufkraft unterschiedlicher Währungen haben viele dieser Händlerinnen kaum eine Ahnung. Aber sie schließen aus dem merkwürdigen Verhalten der Fremden, die das Geld lose und in Haufen in den Taschen tragen und achtlos ausgeben, daß in deren Heimat das Geld wohl an den Bäumen wachse wie in Mexiko die Kakaobohnen. Das Gerücht vom El Dorado im Norden, aus dem diese reichen, aber dummen Weißen stammen, mag zur stetigen Abwanderung aus den Indiodörfern in die großen Städte und die USA beitragen.

Aber auch der Staat hat seit dem Aufkommen des Massentourismus in den fünfziger Jahren schnell und gründlich gelernt, den Fremdenverkehr als unerschöpfliche Ressource zu nutzen. Die Einnahmen aus dem Tourismus stehen neben jenen des Erdöl-Exports an erster

Stelle der mexikanischen Volkswirtschaft. Über zwanzig Millionen Ausländer besuchten 1996 das Land, jeder zweite kommt für einen Badeurlaub. Das macht pro Tag allerdings erst drei Ausländer auf einem Kilometer Strand. Den meisten ist das zu einsam; sie suchen die hochmodernen Badeorte auf, die seit der Erschließung Acapulcos im Jahr 1928 in einigen malerischen Buchten der Pazifikküste und an dem kleinen Stück Karibik entstanden sind. Wo sich der Staat mit ausländischen Firmen zusammentat, wuchsen in kürzester Zeit hocheffiziente, zum Teil nach ökologischen Gesichtspunkten geplante Satellitenstädte aus der Steppe. Sonnenanbeter finden hier alles, was ihr Herz neben Sonne, Sand und Meer begehrt: viele Gleichgesinnte, ein bißchen Folklore (Barlampen in Form von Sombreros), günstige, immer häufiger aus Asien importierte und dem internationalen Massengeschmack angepaßte Souvenirs, ein McDonald's mit echten Papageien als Dekor, jede Menge Discos für nächtliche Rituale und abends, neben dem US-amerikanischen Barbecue, ein hygienisch einwandfreies *mexican buffet*. Ein bißchen sind diese Orte wie Freizeitcenter auf dem Mond, etwa so typisch wie Disneyland in Frankreich, und viel zu perfekt, um wahr zu sein.

Mexiko ist zum bedeutendsten Touristenziel der »Dritten Welt« avanciert. Dies braucht einen nicht zu wundern: Kaum ein anderes Land der Erde hat Reisenden so viel Abwechslung, so viele Varianten an Natur und Kultur zu bieten. Mexikos Exotik liegt in seiner *Mischung*. Das Land ist so groß wie Westeuropa, sechsmal größer als Deutschland und weist von lieblichen Seen, rauchenden Vulkanen und steinigen Tälern, von Schneegipfeln, Sandwüsten, Steppen, Weiden, Sumpf und Dschungel sämtliche Landschaften auf, die auf der Erde vorkommen – einzig das Eismeer fehlt. Entsprechend vielfältig sind die Kulturformen, die daraus hervorgegangen sind. Mexiko ist in sich so verschieden wie Europa, verschiedener noch. Der südliche Gliedstaat Chiapas an der Grenze zu Guatemala mit seinem tropischen Regenwald und den zähen Berggehölzen hat mit der leeren, wüstenartigen Halbinsel Baja California an der Grenze zu den USA, in deren Buchten Wale sich umwerben, weniger gemein als die bayerischen Kuhweiden voller Gülle und Saft mit den kargen Schafshängen Sardiniens. Die schnellwachsenden internationalen Metropolen im Landesinnern könnten nicht stärker kontrastieren zu den abgeschiedenen Dörfern, in denen die Zeit seit Jahrhunderten anders geht. Mexiko ist ein Schmelztopf, hier kommt seit jeher zusammen, vermählt sich oder lebt im Konkubinat, was verschiedener nicht sein könnte. Auch die Küsten machen da keine Ausnahme.

Neunzig Prozent der Fremden reisen aus Nordamerika und Kanada an. Für Nordamerikaner sind die Strände Mexikos, was für die Nordeuropäer die Ränder des Mittelmeers sind. Deutsche, Österreicher und Schweizer trifft man selten. Sie werden Ihre Landsleute jedoch, wie überhaupt die Europäer, sofort erkennen. Es ist, als würde man die verwandte Kultur gleichsam auf Distanz riechen. Lehnen Sie sich doch in Ihrem sicheren Schattenplatz ein wenig zurück und studieren Sie das multikulturelle »Bestiarium« im Reich der Sonne.

Mexikaner und US-Amerikaner haben nicht viel, aber eines gemeinsam: Sie tragen gern viel Stoff im Wasser, im Gegensatz zu Kanadiern und Europäern. Überdies lieben es die sonst so verschiedenen Nachbarn, sich in möglichst großen Gruppen von ihresgleichen aufzuhalten. Mexikaner reisen in nachtlangen Busfahrten über schlechte Straßen als ganze Clans oder halbe Dörfer an – gehbehinderte Großmütter genauso wie Neugeborene – und bewegen sich nur innerhalb dieser vertrauten Gruppe. Sie bleiben meist nur wenige Tage am Meer. Es handelt sich dabei nicht um echten Urlaub, den es in mexikanischen Arbeitsverhältnissen selten gibt, sondern um Wochenenden und Feiertage von Revolutionshelden oder anderen Heiligen, die mittels Brücken tagen, *puentitos*, verbunden und verlängert werden.

Nordamerikaner verreisen meist für längere Zeiträume und paarweise, ohne Kinder und sonstige Verwandtschaft, aber sie bilden, sobald sie fremden Boden betreten, »Sicherheitsgruppen«, lose Solidaritätsverbände im gefährlichen Drittweltland. Man hilft sich aus mit Erfrischungstüchern, zuckerlosen Kaugummis (die im Tropenklima ihre Konsistenz verändern und an den Zähnen kleben) und Chlortropfen gegen verunreinigtes Zahnspülwasser. Beide, Mexikaner wie US-Amerikaner, tragen derzeit Baseballmützen am Strand, Mexikaner (noch) seltener verkehrt herum. Die Frauen führen Hüfttücher spazieren; Nordamerikanerinnen über zu üppigen Lenden in einschneidenden Badeanzügen, Mexikanerinnen über den Kleidern. US-Amerikaner scheinen niemals ihre gut eingelaufenen schwarzen Gummisandalen mit Klettverschluß auszuziehen, auch nicht im Wasser. Seit kurzem tragen Mexikaner ebenfalls Schuhe im Meer, und da sie nicht schwimmen, macht es nichts, daß die vollgesogenen Ledersandalen wie Steine an den Füßen hängen.

Auch in Sachen Sonnenschutz erkennt man leicht kulturelle Unterschiede. US-amerikanische Häute glänzen elastisch-potent wie die Heldenleiber römischer Gladiatoren. Daneben erscheinen europäische Teints wie sensibles, etwas fahles Handschuhleder, kanadische wie Stiefelleder: zäh und verläßlich. US-Amerikaner benutzen Sonnenöl mit Erdbeeraroma, und sie schmieren sich halbstündlich damit ein. Nordeuropäer und Kanadier tragen sparsam diskrete Cremes mit Schutzfaktoren auf, die tagelang und auch im Wasser halten, oder sie sitzen im Schatten.

Mexikaner hingegen cremen gar nicht. Mexikanische Frauen liegen in kleinen Gruppen bäuchlings stundenlang im seichten Wasser, oder sie sitzen mit ausgestreckten Beinen und geradem Rücken am Meeresrand und träufeln Wasser über die Schenkel oder häufeln Sand auf die Füße. Sie tragen übergroße T-Shirts mit Mickey-Mouse-Motiven, die am Schlüpfer kleben, oder wadenlange geblümte Kleider aus synthetischen Stoffen. Nur noch alte Frauen, *abuelitas*, tragen die traditionellen bestickten Kleider aus luftigen weißen Baumwollstoffen, und natürlich auch die folklorebewußte Touristin. Baumwolle ist teures Exportgut und in mexikanischen Augen viel weniger praktisch als die billigen synthetischen Gewebe. Die Scharen von Kindern sind nie nackt, sondern gut verpackt, und tollen und spritzen um Mütter, Tanten, Großmütter herum, ohne diese im geringsten aus der tiefen Ruhe zu bringen, die sie umgibt wie Aureolen aus Schaumstoff. Kinder gehören zum mexikanischen Leben wie Wasser und Mais, sie sind der Süßstoff, die Butter des Alltags. Auch heute noch gehören zu einer mexikanischen Familie drei bis fünf Kinder, wobei es große Unterschiede gibt zwischen Stadt und Land. Mexikanische Kinder weinen selten: Immer ist ein älteres Geschwister, eine Tante oder der Großvater da, um sie zu trösten und abzulenken. Am Strand ruhen die Frauen aus, man plaudert wenig, man schaukelt auf Gummitieren (viele Dinosaurier) in einer Art Halbschlaf in den Wellen, ohne die Nachkommenschaft einen Moment aus den Augenwinkeln zu lassen. Die Männer wagen sich etwas weiter ins Meer. Sie stehen in Shorts, ohne Hut, bis übers Knie im Wasser, necken die Kinder und schälen sich furchterregend, wie man es in alten Zeiten an den Stränden der Adria sah. Auch dunkle Haut verbrennt.

Die alten Indios wußten übrigens um die zweischneidige Kraft der Sonne und wie wichtig ein guter Schatten ist. Noch heute glaubt man in ländlichen Gegenden, daß zu einem gesunden Menschen ein Schatten gehört. Seinen »Schatten verlieren« gilt als ernsthafte Krankheit, die nur ein erfahrener *curandero* heilen kann. Ohne Schatten sei der Mensch unfähig zu Liebe und Freude, zu einem erfüllten Leben. In den Dörfern existiert noch heute der Brauch, den Toten neun Tage nach der Bestattung ihren Schatten nachzuschicken, auf daß er die Zurückgebliebenen nun zur Ruhe kommen lasse und den Davongegangenen auch im Jenseits schütze.

Mexikaner kommen selten wegen der Sonne ans Meer. Im Gegenteil: Helle Haut ist das Schönheitsideal. *Güera* – Blondchen – ist ein Kosename, den sich auch Leute, Männer wie Frauen, mit allerschwärzestem Haar und dunkler Haut gefallen lassen. *Güero* – hellhäutig – zu sein, ist ein großes Kompliment, es heißt soviel wie schön, angebetet, reich zu sein. Weder in der Werbung noch in den vielen mexikanischen Seifenopern, die täglich in alle Haushalte schäumen, erscheint der dunkle indianische Archetypus – die ideale Mexikanerin ist blond, der erfolgreiche Mexikaner zumindest hellhäutig wie die spanischen Eroberer.

Mexikaner kommen ans Meer, um der Familie zu huldigen, die Sonne nehmen sie dabei in Kauf. Sie kommen, um zu essen und zu trinken, Musik zu hören, zu baden, zu singen, zu spielen: zu sein. Man fährt die vielen hundert Kilometer nachts, um von den kühleren Temperaturen zu profitieren und nichts von der knappen Freizeit zu verlieren. In einem *albergo familiar* werden möglichst wenig Zimmer bezogen, man schläft, wenn überhaupt, zu zweit und zu dritt im Bett oder auf Dekken am Boden; schlafen kann ein mexikanischer Mensch überall. Die Plastikbeutel mit den Habseligkeiten werden umverteilt, die Kühlboxen mit frischem Eis gefüllt, die Toiletten benutzt, und dann geht es weiter mit dem gemieteten Bus an einen geeigneten Strand, meistens etwas außerhalb der größeren Orte.

Wo gefischt wird am Meer, also eigentlich überall, findet man in einsamen Buchten schattige Unterstände, in denen lange Tische und Bänke bereitstehen. Bis vor kurzem war die einfache und saubere Möblierung immer aus den Hölzern der Gegend. Inzwischen sind auch in den abgelegensten Meereswinkeln jene weißen Stühle aus gestanztem Plastik aufgetaucht, die zunehmend die ganze Welt einheitlich möblieren. Unsere mexikanische Familie verteilt sich auf die Bänke, markiert die im

Lüftchen baumelnden Hängematten mit Comic-Heften, der Großvater postiert den gewaltigen Ghettoblaster vor sich und füllt ihn mit schlingernden Kassetten, der Onkel verteilt das mitgebrachte Bier und Cola aus der Kühlbox, der Schwager stiftet den Tequila oder Rum, den er unter dem T-Shirt trug. Die Frauen ziehen die Kinder um, halten kleine rinnende Hinterteile etwas außerhalb des Schattenplatzes über den Sand und setzen sich dann, um bei der Fischersfrau, die zugleich die Wirtin ist, zu bestellen. Man läßt zubereiten, was das Meer hergegeben hat am frühen Morgen, die Wirtin in der offenen Küche verarbeitet die frischen Fische, die Schalen- und Weichtiere zu Götterspeisen, bäckt dazu Tortillas und zerstampft Chilischoten, Knoblauch und Limetten zu scharfen Saucen. Derweil plantscht die Familie am Meeresrand; und ist der Tisch randvoll bedeckt mit duftenden Platten, Körben und Schälchen, wird sie zur Tafel gerufen; vielleicht taucht ein Gitarrentrio oder eine Marimbaband gerade rechtzeitig auf aus dem Kokoshain im Hintergrund und umkreist die schmausende Gruppe, untermalt das Essen mit romantischen Weisen. Zu den schmelzenden Liedern ißt man mit Händen, führt zarte Tortillas als Besteck, leckt von Lippen und Fingern die köstlichen Säfte der Meeresfrüchte. Man palavert, frotzelt, erzählt Witze und Anekdoten, lacht, singt und trinkt ein paar Stunden, bis jeder selig sein Plätzchen findet in der Hängematte und mit einem Nickerchen verdaut: Die Großmutter legt sich zum Großvater, dieser massiert ihre Füße an seiner Schulter, bis beide einschlafen, die Kinder knäueln sich so eng ineinander, daß sie kaum mehr zu unterscheiden sind, und im Hintergrund lassen sich zwei Tanten gemeinsam von der Schwägerin in den Schlaf wiegen. Mexikaner sind Lebenskünstler. Sie verstehen es, auf unkomplizierte Art zu genießen. Ihr Aufenthalt an der Küste ist eine einfache Huldigung an die sinnliche und gesellige, an die gute Seite des Lebens.

Der Gegensatz zu den angereisten Nordländern könnte größer nicht sein. Diese setzen eine komplizierte Infrastruktur voraus, um effizient und mit möglichst wenig »Fremdeinflüssen« ihrem Freizeitgott zu frönen. Als Gegenleistung erwarten sie Erholung und Prestige, das sie in Form der goldenen Hautfarbe zu Hause präsentieren können. Da bleibt nicht viel Zeit für Kontaktnahme, für genußvolle Entdeckungen. Ausländer – Kanadier und Europäer noch eher als US-Amerikaner – essen kaum an Stränden, das gilt als unhygienisch. Sie arbeiten an der Bräunung, sie liegen, sie baden. Das sieht dann etwa so aus:

Nordeuropäer stehen im für den landesüblichen Geschmack viel zu knappen Slip am pazifischen Strand und betrachten sinnend das Meer. Dann schreiten sie bedächtig ins Wasser, versuchen in den zu hohen Wellen zu schwimmen, gehen danach zurück zur diskreten Partnerin im aufsehenerregenden Bikini, die auf die Wertsachen aufpaßt, und lesen weiter.

Nordamerikanische Männer mögen ramboartige Auftritte. Sie tragen übergroße Badehosen aus Fallschirmseide, die ebenso prüde an den Beinen kleben wie die nassen Kleider mexikanischer Frauen, und um den Hals die wasserdichten Plastikhülsen mit den Wertsachen. Sie jagen vom Liegeplatz brüllend ins Wasser. Sie kämpfen sich voran, boxen sich in die Wellen, sie stürmen das Meer. Die zugehörigen Frauen liegen mit geschlossenen Augen auf riesigen Strandtüchern, die nach künstlichen Blumenwiesen riechen, und lassen keinen Zentimeter fremdes Gelände an den hochindustrialisierten Touristinnenleib. Sie liegen reglos und pastellfarben in hochgeschlossenen Badeanzügen mit Goldapplikationen und Rüschen um den Bauch: Kultprofis, Sonnenköniginnen. Dunkle, barfüßige Meßdiener assistieren ihnen. Nordamerikanerinnen macht es nichts aus, kein Spanisch zu sprechen. Gleichmütig wiederholen sie ihre Wünsche, ohne die Augen hinter den Filtergläsern zu öffnen, in der immer gleichen Geschwindigkeit und mit der immer gleichen regionalen Betonung der jeweiligen nordamerikanischen Provinz – es gibt auf der Welt für sie nur diese Art zu sprechen. In Sachen Gleichmut stehen ihnen die einheimischen Adlaten jedoch nicht nach. Stoisch geben sie den englischen Brocken zurück, präsentieren ihn als mexikanisch-melodiöse Preziose. Irgendwann stellt sich dann, dank angelsächsischem Händegefuchtel und latinogeübter Geschäftstüchtigkeit, doch heraus, was gemeint ist: daß wieder Seife fehle auf dem Klo und man Ketchup wünsche zu den goldenen Chips aus der Plastiktüte: *Nada más, amiga?*

Unpünktlich! Unzuverlässig! Undiszipliniert!
Mexiko für Preußen

Mit Hochgenuß erliegt, wer länger im Land weilt, der Versuchung, auf den wackeligen Stapel alter Vorurteile noch eins draufzulegen – und viertens faul! und fünftens stur! – vielleicht, um sich schadlos zu halten für die vielen Blessuren, die man beim Zusammenprall zweier völlig verschiedener Wertsysteme beinahe täglich einsteckt. Man kommt als Reisender nicht darum herum, sich nach einer anders vermessenen Decke zu strecken und die eigenen Normen als *eine* Möglichkeit unter andere zu ordnen. Man tut gut daran, mit der langen Reise nach Westen nicht nur die Uhrzeit, sondern ebenso das innere *Maß* der Dinge umzustellen. Der selbstbewußten europäischen Regel-Mäßigkeit mag das schwerfallen, man erhält sich jedoch kilometerweise Nerven. Und das tägliche Bewegen verhockter Selbstverständlichkeiten trägt dazu bei, daß Sie zum bronzenen Teint eine spektakuläre geistige Elastizität mit nach Hause bringen. Das Geheimnis sind die *Fünf Mexikaner* für Geist und Gemüt.

1. Alles hat seine Zeit: Seien Sie unpünktlich!
In Mexiko gibt es (fast) keine Uhren. Die Zeit ist keine lineare Größe, die vermeintlich regelmäßig von Punkt zu Punkt schreitet und das gesellschaftliche Leben unter

allen Umständen gleichförmig strukturiert und bestimmt. Die Zeit ist nicht pünkt-lich, sondern eher so etwas wie eine amöbische Fläche, die sich geheimnisvoll mal da-, mal dorthin bewegt. Sie ist ein flexibler *Raum* zwischen mehr oder weniger wichtigen Ereignissen und in jedem Fall abhängig von Person und Umständen. Daran muß man sich gewöhnen. Mit Mexikanern für irgend etwas einen exakten Zeit*punkt* festzulegen ist etwa so realistisch wie ein Ritt auf dem Kamel durchs Nadelöhr.

Mexikaner legen sich kaum von sich aus exakt fest, sie sagen »am Nachmittag«, »am Wochenende«, »nächste Woche« oder einfach nur *mañana* – morgen, was inzwischen international verstanden wird: nicht jetzt. Pünktlichkeit wird nicht erwartet, sondern versetzt in Erstaunen und kann zu peinlichen Situationen führen, indem Sie etwa die Gastgeber in inkonvenienten Situationen antreffen. Wo der Alltag jedoch von internationalen Zeitstandards abhängt (zum Beispiel auf Flughäfen, beim Kontakt mit großen Firmen), hat in den letzten Jahren eine Anpassung stattgefunden.

Zeit ist in Mexiko nie ein Faktor; sie hat auch keinen materiellen Wert. Zeit ist noch nicht Geld. Menschliche Arbeitskraft ist um ein Vielfaches billiger als die Arbeitsleistung von Maschinen. Zeit hat jeder, oft mehr als ihm lieb ist. Warten ist gratis und tickt nicht; es ist ein Normalzustand. Auch Sie werden nicht darum herum kommen zu üben, sich zu lockern und anfänglich unter einer Art Unpünktlichkeits-Muskelkater zu leiden.

Mexikaner lassen sich sehr wohl auf exotische europäische Abmachungen ein. Ohne mit der Wimper zu zucken, akzeptieren sie den Vorschlag, sich um acht in der Regenzeit an jener gemütlichen Straßenecke an einer Hauptverkehrsader der 20-Millionen-Metropole zu treffen. Sie bestätigen auch ungerührt – hochmoderner Notfallservice rund um die Uhr –, Ihnen mit Vergnügen und absolut sofort die Leitung zu flicken, aus der Gas in die sonntägliche Küche strömt. Mexikaner bringen es nicht übers Herz, Ihren Drang nach Exaktheit zu enttäuschen; sie verstehen zwar nicht im geringsten, was Sie mit Eile meinen, aber sie lassen sie Ihnen.

Und so werden Sie warten lernen: an Ihrer Straßenecke im schmutzigen Regen – bis Ihnen eine wildfremde Person ein Plätzchen unter dem Schirm anbietet und Sie in ein wärmendes Gespräch verwickelt, Ihnen sagt, daß viele Mexikaner schlechte Menschen seien, Ihr Freund jedoch mit Sicherheit nicht annehme, daß Sie bei diesem Regen hier auf ihn warteten, daß Sie bitte nichts Schlechtes denken sollen über Mexiko, und Sie zu einem Drink einlädt. Und bevor Sie in Ihrer Küche an einer Gasvergiftung verenden, wird ein Nachbar an Ihre Tür klopfen und Sie fragen, ob Sie nicht mit einer Spende für den *santito*, den »kleinen Heiligen« des Viertels, »kooperieren« möchten und Ihnen mitteilen, daß es bei Ihnen nach Gas rieche. Er wird, nachdem Sie ihm das Problem erklärt haben, wissen, wo man den Gashahn zudreht, er wird auf Ihr Dach klettern, sich die Sache anschauen, Ihnen beruhigend zurufen: *no problam* (*alle* Ausländer sprechen Englisch), dann dem Vetter im nächsten Hof etwas zuschreien; und in kürzester Zeit werden Ihnen die vereinten Nachbarn (alle verwandt und verschwägert) einen provisorischen Gastank organisieren und auf dem Dach installieren, eine provisorische Leitung durchs Küchenfenster ziehen, Ihnen auf die Schulter klopfen und wieder abzockeln, *no problam.*

Zeit ist relativ. Die alten Mexikaner, die Azteken, lebten nach einem eigenen System, einem ausgeklügelten Kalender von 260 Tagen, der sich nach der Venus und der Sonne richtete. Die Woche hatte 13 Tage und wiederholte sich jährlich zwanzigmal. Alles wiederholte sich, alles war ein Kreislauf. Nach 52 Jahren erfüllte sich ein Zeitalter; das nächste begann. Ein neues Feuer wurde vom heiligen Berg in den Bambustempel gebracht, der auf einer neuen Stufe der wachsenden Pyramide errichtet worden war. Die Azteken holten die Zeit auch in den Raum, indem sie jedem Abschnitt im Kalender einen Ort in ihrem Lebensumfeld, ihren Städten, zuwiesen. Diese Städte waren minuziös nach Maßen gebaut, die auf Faktoren der heiligen Zahlenwerte des mesoamerikanischen Kalenders beruhten: 4, 5, 13, 20. Sie waren eine Art Gestirns-Uhren. Zu jedem Lebensabschnitt gehörte eine bestimmte Zone in der Stadt. Von Geburt an bewegten sich die Menschen durch dieses Raum-Zeit-Gebäude; Kleinkind-, Ausbildungs-, Berufs-, Altersjahre: jede Lebensphase hatte ihren vorbestimmten Raum. Das Schicksal war vom göttlichen Kalender gesteuert, man marschierte nicht wie's einem beliebte durch die Zeit. Entscheidend war jedoch, den richtigen Moment *abzuwarten*. Wann der gekommen war, sagten den alten Mexikanern Zeichen in der Natur, Träume, die Deutungen und Berechnungen der Priester. Auch im modernen Mexiko scheinen die Menschen noch eingebunden in ein nun unsichtbares uraltes Zeitgebäude, das wir nicht verstehen. Ihr Zeitempfinden scheint eher gelenkt von Einflüsterungen verblichener Schamanen als dem seelenlosen Taktstock der Industrienationen. Es ist, als hätte das unterworfene Volk die Erkenntnisse der Weisen, die von den spanischen Eroberern mit Füßen getreten und zerstört wurden, in ihr Inneres gerettet, als wären die verlorenen Schriften, die ihr Leben bestimmten, auf Strängen der DNS notiert, den Fremden für immer im Dunkeln.

2. *Nichts ist für ewig, und alles kommt wieder: Lassen Sie sich gehen!*

Mexikaner haben ein sehr entspanntes Verhältnis zur Vergänglichkeit, zum Auf und Ab allen Seins. Das *Leben* ist unzuverlässig, man weiß das, man hat das im Blut. Mexikaner sind Fatalisten. Nichts ist so wichtig, um allzu ernst genommen zu werden. Und nichts so dauerhaft. Nichts bleibt für immer, nicht mal für lange. Aber genauso schnell, wie etwas vergeht, wächst Neues. Einer wird reich, und eine der zahlreichen Wirtschaftskrisen macht sein Vermögen zu Staub. Einer wird mächtig, steht jedoch nicht im richtigen Moment am richtigen Ort und verschwindet im Nichts. Die Azteken schufen in nicht mal zweihundert Jahren eine der mächtigsten Zivilisationen der Erde, von der nach nur wenigen Monaten kaum ein Stein übrigblieb. Spanier kamen, Franzosen kamen, Angelsachsen kamen, alle kurz hintereinander, und alle gingen wieder. Zurück blieb ein Volk von Mischlingen, das sich so schnell nicht aus der Ruhe bringen läßt.

In diesen geographischen Breiten steht alles im Zeichen von Niedergang und Erneuerung. Nicht zuletzt prägt die Natur dieses Prinzip der unerschütterlichen Schnellebigkeit. Was während langer Trockenmonate abgestorben, dürr und ohne jegliches Leben schien, schießt mit den ersten Tropfen der kurzen Regenzeit üppig ins Kraut. Blattschneiderameisen fressen über Nacht einen großen gesunden Baum zum Skelett; nach ein paar Wochen steht das tote Gerüst erneut in prächtigem Grün.

Was das Klima nicht mürbe macht, holen sich Naturkatastrophen: Überschwemmungen, Hurrikane, Erdbeben, Vulkanausbrüche. Und schließlich haben die Unwägbarkeiten, die eine krisengeschüttelte, korruptionsgewohnte Wirtschaft dem Land während Jahrhunderten aufbrummten, das Ihrige getan. Mexikaner glauben nicht an die Gunst des Glücks. Sie glauben an das Pech und die Heilige Jungfrau. Glück ist nicht in ihrer Hand, ihr Glück ist ferngesteuert. Verläßlichkeit ist keine Tugend, viel wichtiger für das Glück ist es, den richtigen Zeitpunkt, den richtigen Heiligen und den besten Sitzplatz im großen Lebenstheater zu erwischen.

Das Leben muß gefeiert werden. Wenn sonst nichts läuft, steigt wenigstens ein Fest. Kein Land der Welt feiert so häufig und so ausgiebig wie die pessimistischen Mexikaner. Hunderte Heiliger, Helden, Patrioten pochen an ihrem Jahrestag auf ein rauschendes Fest. Seit neuerer Zeit wollen auch Lehrer, Hausangestellte, Briefträger, Zeitungsjungen und was da sonst noch kreucht und fleucht, geehrt werden. Nicht zu vergessen die Mütter, die Väter, die Kinder, die selbstredend ihren Festtag haben im mexikanischen Kalender. Feste halten den klapprigen Lebensmotor am Laufen. Man muß dem unbeständigen Glück Grund geben, zu kommen und ein Momentchen zu verweilen. Mexikaner sind nicht unzuverlässig; sie sind unberechenbar wie das Glück.

3. Die Disziplin des gemäßigten Faustrechts: Vor allem – zögern Sie nicht!

Sie kommen zweifellos aus einem friedlichen, demokratischen Land, in dem das Aggressive und Offensive, das Verstellte, Unehrliche als unschicklich gelten. Sie haben gelernt, sich hinten anzustellen und zu warten, bis Sie an der Reihe sind. Sie haben gelernt, sich innerhalb weiß gestrichelter Bahnen zu bewegen, auf rote, grüne und gelbe Lichter zu achten und deren Anweisungen zu befolgen. Sie glauben an die Wahrheit. Sie haben eine klare Vorstellung davon, was richtig und was falsch ist, und Sie sind überzeugt, daß das für alle gilt. Und deshalb können Sie einigermaßen darauf vertrauen, daß man Sie nicht reinlegt.

In Mexiko müssen Sie das alles ein bißchen vergessen. Bluffen, imponieren, tricksen gehören zum Repertoire des Alltags, und zwar ohne jede Hemmung: Alle tun das. Stark, also im Recht, sind Sie, wenn Sie physisch, materiell etwas zu bieten haben oder wenigstens danach aussehen. Jeder kann probieren, so zu wirken, und sich auf diese Weise ein wenig Macht verschaffen. Ob es gelingt, entscheidet der Moment. Diese Gesetzmäßigkeit wird fast immer widerspruchslos und mit großer Disziplin akzeptiert.

Disziplin in einem preußischen oder angelsächsischen Sinn trifft man jedoch selten. Das heißt aber nicht, daß keine Regeln gelten, im Gegenteil. Das Zusammenleben unter Mexikanern ist weder von einer durchgreifenden Justiz noch von krudem Faustrecht, sondern von einem filigranen, bis ins Detail abgestimmten Netz ungeschriebener Verhaltensnormen geordnet. Die wahrzunehmen, geschweige denn zu erlernen ist schwierig. Ungehobelt, unhöflich, unbeherrscht, ordinär, dumm oder aggressiv – auf Mexikaner machen *Sie* schnell einen ziemlich undisziplinierten Eindruck.

Den ungeschriebenen Verhaltenskodex einzuhalten ist oberstes Gebot. Zweites Gebot ist das Auftreten. Mexikaner spüren sofort, ob Sie Ihrer Sache sicher sind oder ob Sie zögern. Am besten meistern Sie den mexikanischen Alltag, wenn Sie sich geben wie beim Poker und auch Spaß daran haben wie an einem Spiel. Das mexikanische Kräftemessen ist oft gar nicht so tierisch ernst, wie es auf den ersten Blick aussieht. Es kann durchaus passieren, daß Sie das Gegenüber anerkennend angrinst, wenn Sie seinen »Stoß« parieren. Das Schmieröl in diesem Kräftegetriebe ist eine höchst disziplinierte Höflichkeit, ein unerschöpfliches Reservoir friedensstiftender Floskeln.

Paradebeispiel für die mexikanische Art von Disziplin ist der Autoverkehr. Vergessen Sie makellose Gebotsschilder und akribische Fahrschultheorie, vergessen Sie Hochleistungspisten und komplexe Verkehrsadern, vergessen Sie so ziemlich alles, was Ihnen nordeuropäischer Verkehrsdrill einhämmerte, und freuen Sie sich am gemütlichen Teerflickwerk einheimischer Provinzstraßen – Rastplatz friedlicher Zebus – und am Triumph archaischer Vernunft. Im mexikanischen Straßenverkehr trifft man mit Verlaß eigentlich nur auf zwei Schilder: *Obedezca las señales* – Befolgen Sie die Signale – und *No deje piedras sobre el pavimento* – Lassen Sie keine Steine auf der Fahrbahn liegen (große Steinbrocken übernehmen in Mexiko die Funktion von Warndreiecken). Ansonsten gilt: Wer zuerst kommt, hat Vortritt; wer das größere Auto hat, ist wahrscheinlich stärker und hat wiederum Vortritt. Wer schneller reagiert, ist im Recht. Wer zögert und wer sich einschüchtern läßt, muß sich hinten anstellen. Wenn Sie diese Regeln einmal verinnerlicht haben, fahren Sie gut, denn sie werden mit größter Disziplin eingehalten. Dieser Fahrstil ist überraschenderweise weit entfernt vom gestreßten Rechthaberverkehr nordeuropäischer Prägung. Die Toleranzgrenzen liegen in Mexiko sehr hoch. Daß es Hindernisse gibt im eigenen Bestreben fortzukommen, ist Mexikanern eine Selbstverständlichkeit. Daß Sie im Mittagshitzeverkehr idiotisch verkehrt irgendwo mitten auf der Straße stehen, weil Sie den Motor abgewürgt haben oder weil Sie falsch gefahren sind und das Wendemanöver im falschen Winkel angepackt haben, ist lange Zeit kein Grund zum Hupen. Auch daß Sie schnell einen kurzen Schwatz abhalten mit einem *compañero* im Wagen auf der Gegenfahrbahn, stößt auf Verständnis. Daß Sie kein Kleingeld haben, um das Taxi zu bezahlen, das einfach anhält, ohne zur Seite zu fahren: Mexikaner warten geduldig, bis erledigt ist, was erledigt werden muß. Wem könnte das gleiche nicht auch passieren. Und ein falsches Wort im falschen Moment könnte Folgen haben. Niemand weiß, ob Sie eine Pistole im Gürtel tragen ...

4. Wer rastet, der rostet nicht: Gönnen Sie sich eine Pause!
Filme, Werbung und ein beachtliches Arsenal an Fachliteratur wiederholen unermüdlich das Klischee vom dümmlich dösenden Mexikaner. Was daran stimmt: Mexikaner sind sehr anspruchslos in Sachen Schlaf. Sie können in fast jeder Stellung, auf jeder oder keiner Unterlage schlafen, ob auf einer Insel mitten im Verkehrs-

getümmel, auf einer halben Backe des Hinterns, mit der sie auf dem heißen Plastiksitz des überfüllten Busses kleben, ob halbnackt zu dritt in einem durchhängenden Bett oder allein mit ein paar Stechmücken in einer Hängematte aus fünf treuen alten Fäden. Mexikaner sind nicht wählerisch, was den Schlaf anbelangt. Sie schlafen dann, wenn die Gelegenheit günstig ist; wenn sie gerade nicht günstig ist, warten sie auf eine bessere. Wozu sich aufregen? Müde zu sein und in der Öffentlichkeit zu schlafen ist nichts Peinliches, niemand braucht sich hinter verschlossenen Türen und zugehängten Fenstern zu verstecken, um ein Nickerchen zu machen.

Viele Menschen stehen sehr früh auf, um aus abgelegenen Dörfern oder Vierteln in die riesigen Stadtzentren arbeiten zu gehen. Viele nehmen stundenlange nächtliche Busfahrten in Kauf, um auf dem Markt der nächstgrößeren Agglomeration ein bißchen Knoblauch, Avocados und Copalräucherharz zu verkaufen. Wenn man diese Leute am Mittag im Bus antrifft, sind sie bereits wieder auf dem Heimweg zurück in ihre Dörfer, schlafend.

Große Hitze macht müde wie große Kälte. Ein feuchtes warmes Klima strengt den Organismus mehr an als gemäßigte Temperaturen. Auch große Höhe verlangt ein langsameres Schaffenstempo: Der am dichtesten besiedelte Teil Mexikos liegt auf über 2000 Metern über dem Meer. Das heiße, in manchen Gegenden zudem feuchte Klima legt den Menschen einen anderen Arbeitsrhythmus nahe, als wir ihn in unseren Breiten gewohnt sind. Die beste Zeit für Arbeiten draußen ist bei Sonnenaufgang und vor Sonnenuntergang. Wenn man Mexikaner am Nachmittag schlafen sieht, wohnt man einem Teil ihres Gesamtschlafes bei, der sich nicht nach dem Acht-Stunden-Durchschlafgebot unserer Breitengrade richtet. Kein vernünftiger Mensch arbeitet körperlich in der sengenden Hitze des Nachmittags. Der mexikanische Tagesrhythmus hat deshalb vier Teile: einen Wachteil von frühmorgens bis mittags, einen Schlafteil am Nachmittag, einen Wachteil vom frühen Abend bis Mitternacht, einen Schlafteil bis in die ersten Morgenstunden.

Es ist lohnenswert, sich diesem Rhythmus anzunähern, Gelegenheiten für ein Nickerchen wahrzunehmen, sich öfter hinzulegen und mit den Vögeln aufzustehen. Man ist nicht nur weniger erschöpft und sauertöpfisch, man bleibt frisch wie das morgendlich leuchtende Land, über dem noch nicht die schwere Hitze liegt wie eine nasse Windel.

5. *Der Kuckuck und der Esel: Lob der Sturheit*

Was man in tropischen Ländern nicht ständig putzt und pflegt, wird in kürzester Zeit von der Natur wieder vereinnahmt. Eine Putzhilfe wischt also täglich den Tonplattenboden in unserem Haus, um allfälligen Kakerlaken, Skorpionen oder Schlangen den Weg nach draußen zu weisen. Zu diesem Zweck hebt sie auch einen Teppich vom Boden vor der Ausgangstür, schüttelt ihn draußen aus und legt ihn um neunzig Grad verkehrt wieder auf den Boden, so daß die Tür nicht mehr aufgeht. Täglich drehen wir, nachdem die Putzrunde durchs Haus beendet ist, den Teppich um neunzig Grad zurück, damit ihn unsere Hilfe am nächsten Tag wieder quer hinlegen kann. Das machen wir bis heute so, und werden es die nächsten Jahrhunderte so tun. Der Teppich hat quer zu liegen, unsere Putzassistentin *sieht* ihn immer quer liegen, wie sie versichert, auch wenn er Dreiviertel des Tages längs liegt.

Man bügelt uns auch die Wäsche. Seit Jahr und Tag werden die Kragen von Hemden und Blusen ab dem drittobersten Knopf platt gebügelt, möglichst weit Richtung Schultern schauend, à la Elvis Presley. Jede Woche flehen wir darum, doch bitte die obersten Kragenknöpfe zu schließen und die Kragen *unscheinbar* am Hals stehen zu lassen, da wir weder Kreuze noch Jaguarzähne noch Goldbarren gut sichtbar im Hemdausschnitt zu präsentieren gedächten. Umsonst: Die Kragen schweben unabänderlich weit abstehend auf unseren Schultern wie die Flügel der Concorde im Aufwind. Die Gewohnheit ist eine gewaltige Macht. Niemand kann sie erklären: Es ist einfach so – es war immer so – und es soll so bleiben.

Wenn Sie durch ländliche mexikanische Dörfer spazieren, werden Sie das schönste Kunsthandwerk der Welt (keine Kuckucksuhren) kennenlernen. Und gleichzeitig mit Erstaunen feststellen, daß in einem Dorf immer alle dasselbe machen. In einem Dorf bemalen alle ausschließlich Bastpapier in der gleichen Art und Weise. Im nächsten gibt es bunte Töpferwaren, alle gleich. Im dritten weben sie Teppiche in den immer gleichen Farben und den immer gleichen Mustern. Jedes Dorf ist spezialisiert und hat Gestaltung und Ausführung über die Jahrhunderte vervollkommnet, die Gegenstände sind mit einer beinahe pedantischen Perfektion gefertigt, außergewöhnlich, aber immer gleich. Im ewig Gleichen liegt eine Errungenschaft, ein Wert, ein Reichtum an Wissen und Erfahrung. Unsere Gier nach Neuem teilen die Mexikaner nur bedingt. Was neu ist, ist nicht selbstverständlich besser.

In Mexiko haben Bewegungen, Änderungen, Neuerungen zu oft Untergang, Schrecken, Verlust bedeutet. »Es ändert sich selten etwas zum Guten«, scheinen die Mexikaner verinnerlicht zu haben. Stillhalten, sich nicht rühren, nichts verändern ist ein Standardverhalten in unsicheren Situationen. Während beispielsweise der Vulkan Popocatépetl mit kleinen und größeren Eruptionen die internationale Presse in Alarmzustand versetzt und nordamerikanische Experten dringend raten, die halbe Million Bewohner, die zu Füßen des Vulkans leben, zu evakuieren, verharren die Mexikaner, betroffene Bevölkerung wie zuständige Verantwortliche, ungerührt und warten ab. Kinder kehren mit Mundschutz knöcheltiefe Asche auf den Schulhöfen zusammen, Dorfobere nageln noch ein paar Pfeilschilder mit der Aufschrift »Fluchtweg« an die Ränder der Straßen, die dic Regierung nun Stückchen um Stückchen oberflächlich teert. Vom Schulhof tönt vielleicht eine Kindermelodie:

Muerto, si hubieras corrido,
no te hubieran alcanzado;
pero como no corriste,
ahora te llevan cargado.

Toter, wärst du doch gerannt,
dann hätt's dich nicht erwischt;
weil du aber immer noch dort,
trägt man dich jetzt fort.

Vielleicht erleben Sie alles ganz anders. Möglicherweise treffen Sie lauter pünktliche einheimische Kuckucke und sture europäische Esel. Denn eines ist gewiß:

6. Mexiko ist immer anders, als Sie denken.

Mestizen an die Macht
Mexiko für Puristen

Ist Mexiko ein indianischer Staat? Oder ist das einstige »Königreich Neuspanien« eine Art Kopie des iberischen Mutterlandes? Weder das eine noch das andere. Am Anfang steht die gewaltsame Eroberung eines indianischen Großreiches durch die Spanier. Doch von dem Moment an, als die Spanier im Golf von Mexiko an Land gehen, gibt es die Geschichte der Indios ohne die Spanier nicht mehr. Und auch die Spanier auf dem »Neuen« Kontinent sind fortan nicht mehr losgelöst von den Indios zu begreifen. Obwohl keine der beiden Seiten das will, entsteht eine Symbiose und, als deren heutige Form, der Mestizenstaat Mexiko.

Zunächst einmal ist die Eroberung eine große Katastrophe. Das Reich der Azteken, halb Mittelamerika umfassend und auf dem Höhepunkt seiner Macht, bricht zusammen. Was sie da zum Einsturz bringen, wollen die Spanier so genau nicht wahrhaben. Sie sind hergekommen in der Überzeugung, *El Dorado*, das Land des Goldes zu finden und allenfalls ein paar edle Wilde, die sich willig missionieren lassen. Als hätte im Aztekenreich nicht eine hochdifferenzierte politische, religiöse und wirtschaftliche Struktur bestanden, spannen die Spanier ein weißes Blatt Papier aufs Reißbrett, um für einen vorgeblich »leeren Kontinent« eine »Ordnung« zu skizzieren.

Die Spanier helfen ihrer Illusion des Von-Null-Anfangens nach Kräften nach: Sie morden und plündern, zerstören indianische Heiligtümer und Schriften, löschen alles aus, was den ursprünglichen Bewohnern eine Identität verlieh, bemächtigen sich des fruchtbaren Landes, des Wassers sowie der Bodenschätze (Silber vor allem gibt es zuhauf): Kurz, die *conquistadores* ruhen nicht, bis alles, was geistig und materiell den Glanz der indianischen Reiche ausmachte, ruiniert ist.

Doch bevor es soweit kommt, lernen die Spanier erst mal das Staunen. Einer der Kronzeugen der Eroberung, der Soldat Bernal Díaz del Castillo, gibt uns in seinen Erinnerungen einen Eindruck davon, wie überwältigt die nüchternen Spanier sind, als sie zum erstenmal nach Tenochtitlán, dem heutigen Mexiko-Stadt, kommen:

... wir sahen alle zum erstenmal die große Zahl der Städte und Dörfer, die mitten in den See gebaut waren, und die noch weitaus größere Zahl der Ortschaften an den Ufern, und schließlich die sehr gepflegte, kerzengerade Straße, die in die Stadt Mexiko führte. Wir waren baß erstaunt über dieses Zauberreich, das fast so unwirklich schien wie die Paläste in dem Ritterbuch des Amadís. ... Wir wurden in wahren Palästen einquartiert, in riesigen Bauten aus schön behauenen Quadersteinen, die mit Holzwerk aus Zedern und anderen wohlriechenden Hölzern ausgeschmückt waren. Alle Gemächer waren mit baumwollenen Tapeten behangen. Zu diesen Palästen gehörten herrliche Gartenanlagen mit vielerlei blühenden Bäumen, Rosenhecken und Blumenbeeten, mit Obstgärten und einem Teich, der durch einen Kanal mit dem See verbunden

war. Über allem schwebten herrliche Düfte. Der Kanal war vollkommen ausgemauert. Die mehrfarbigen Steine waren so gesetzt, daß sich schöne Ornamente ergaben. Auf den verschiedenen Gewässern schwammen vielerlei Vögel. Alles war so schön und anmutig, daß man sich gar nicht satt sehen konnte. Fürwahr, ich glaube nicht, daß vor unserer Zeit schönere Länder entdeckt worden sind ...

Doch »Zauberreich« hin oder her, die Spanier sind entschlossen, Tabula rasa zu machen. Im Alleingang läßt sich das allerdings nicht bewerkstelligen. Vor der Eroberung stehen Bündnisse – auch die Azteken haben Feinde. Mit diesen machen die Eindringlinge gemeinsame Sache. Es wird sogar behauptet, die Eroberung von Tenochtitlán sei weniger eine Eroberung durch die Spanier als eine Revolte von unterdrückten Völkern gewesen. Die Tlaxcalteken sind die ersten Verbündeten, später das Volk von Texcoco, beides Stadtstaaten, die sich lange, aber vergeblich gegen eine Unterwerfung unter die Azteken gewehrt haben. Sie sehen in der Allianz mit den mächtigen Neuankömmlingen eine Möglichkeit, sich zu befreien. Sie helfen den Spaniern beim Bau der Schiffe, die diese für die Einnahme der aztekischen Lagunen-Hauptstadt benötigen. Sie überwachen und sichern bereits eroberte Gebiete. Ohne diese Allianzen hätten die fünfhundertfünfzig Abenteurer, die 1519 mit Hernán Cortés an der Spitze in Veracruz landeten, ihr Vorhaben gleich zu Beginn begraben müssen. Nur indem sie gemeinsame Sache mit einem Teil der Einheimischen machen, schaffen sie es schließlich, zwei Jahre nach ihrer Ankunft, Mexiko zu erobern.

Eine anonym überlieferte, aztekische Stimme klagt:

Nur Blumen und Trauergesänge blieben noch
In Mexiko und Tlatelolco
Wo wir einst Krieger und Weise sahen.

Wir müssen zugrunde gehen
Wir wissen es
Denn wir sind sterbliche Menschen
Du, der Du das Leben gibst
Hast es verfügt.

Wir wandern hierhin und dorthin
In unserer elenden Armut
Wir sind sterbliche Menschen
Wir haben Blutvergießen und Schmerz gesehen
Wo es einst Schönheit und Mut gab.

Wir sind zu Boden geschlagen
Wir liegen in Trümmern
Nur Kummer und Leiden blieben noch
In Mexiko und Tlatelolco
Wo es einst Schönheit und Mut gab.

Bist Du Deiner Diener überdrüssig
Bist Du zornig auf Deine Diener
Du, der Du das Leben gibst?

Ihres geistigen und materiellen Fundaments beraubt, erleiden die indianischen Urbewohner ein zusätzliches Trauma: Noch weniger als der technologischen Übermacht der Spanier sind sie den neu auftauchenden

Krankheiten gewachsen. Ihr Immunsystem ist machtlos gegen ungewohnte Krankheitserreger wie Pocken und Masern. Hunderttausende, nach anderen Schätzungen Millionen von Indios sterben, manche von ihnen, ohne je einen Spanier zu Gesicht bekommen zu haben. Daß die neuen Machthaber die Übriggebliebenen in engen Dörfern zusammenpferchen und die spanische Geistlichkeit aus theologischen Überlegungen das indianische Reinigungsritual des Schwitzbades verbietet, erleichtert den Viren und Bakterien die Arbeit. Dazu kommt der Hunger, verursacht durch die Zerstörung des bestehenden Produktions- und Verteilungssystems. Vermutlich handelt es sich, wenn auch zum größeren Teil nicht gewollt, um einen der radikalsten Genozide der Menschheitsgeschichte. Die konkrete Bilanz ist umstritten, aber aller Wahrscheinlichkeit nach ist innerhalb der ersten vierzig Jahre mindestens die Hälfte der eingeborenen Bevölkerung auf die eine oder andere Art der spanischen Invasion zum Opfer gefallen.

Auf die Azteken muß das Auftauchen der Spanier – zu Pferd und mit Kanonen – wie eine Erscheinung gewirkt haben, vielleicht vergleichbar den Hollywood-Phantasien von der Landung Außerirdischer auf unserem Planeten. Doch die beiden so verschiedenen Zivilisationssysteme erweisen sich als erstaunlich kompatibel. Die christliche Religion bietet den Indios Möglichkeiten zu weitgehender Identifikation. Das Blutopfer nimmt in der Vorstellung der Azteken von alters her einen wichtigen Platz ein, so daß ihnen die Kreuzigung Jesu, zentrales Ereignis der christlichen Heilslehre, nicht von vornherein unverständlich ist. Daß die Azteken Tonantzin, die Muttergöttin, verehren, erleichtert die Anerkennung Marias, der christlichen Gottesmutter. Von der Unbefleckten Empfängnis über das Kreuzsymbol bis zur Fleischwerdung Gottes – überall gibt es verblüffende Parallelen zwischen den beiden Religionen. Das fällt auch den Spaniern auf. Der Dominikanermönch Diego Durán zum Beispiel hält den von den Azteken je nachdem als Gott bzw. Hohepriester verehrten Quetzalcóatl (»gefiederte Schlange«) für »irgendeinen Apostel Jesu, der in dieses Land geriet«. Auf der Basis solcher wirklicher und vermeintlicher Verwandtschaften entsteht in Neuspanien eine Religion, die weder eindeutig christlich noch indianisch, sondern synkretistisch ist. Davon will die Statistik von heute allerdings nichts wissen. Sie bezeichnet achtundneunzig von hundert Mexikanern vereinfachend als Katholiken.

Als Illusion erweist sich die von den Spaniern geplante säuberliche Rassentrennung. Nicht allein die wildgewordene Mannschaft schwärmt aus, um ihren männlichen Drang zu befriedigen. Auch Hernán Cortés, der Anführer des Unternehmens, verbindet sich in aller Offenheit mit der Tochter einer vornehmen indianischen Familie, der berühmten Übersetzerin Malinche, Malintzin oder Doña Marina, wie sie von den Spaniern respektvoll genannt wird. Von Doña Marina existieren keinerlei schriftliche Zeugnisse – Cortés erwähnt sie in seinen Aufzeichnungen nicht ein einziges Mal –, aber es gibt eine unübersehbare Literatur, welche die »Urvergewaltigung« beklagt, beschwört und hundertfältig interpretiert. Sie steht am Anfang der mexikanischen Mestizengesellschaft, eine Art Erbsünde der »Neuen« Welt. Sicher ist, daß sich von spätestens da an die Welt in Neuspanien nicht mehr eindeutig kategorisieren läßt. Die Mestizen, die aus den spanisch-indianischen Verbindungen hervorgehen – auch Cortés zeugt mit Malinche Kinder –, sind Abkömmlinge von Eroberern und Eroberten zugleich. Die physische Verschmelzung der beiden Kulturen beginnt.

Widersprüche zuhauf charakterisieren die Beziehung zwischen Indios und Spaniern, zwischen »Alter« und »Neuer« Welt. Der Papst in Rom legitimiert einerseits ein grundsätzliches Desaster von monumentalem Ausmaß. Doch ist es der gleiche oberste Kirchenfürst, der noch Schlimmeres verhindert: Die herrschende Ungewißheit, ob die neuentdeckten »Wilden« tatsächlich als Menschen einzustufen seien, entscheidet 1537 Papst Paul III. in dem Sinne, daß die Indios »bekehrungsfähig« seien, also Menschen. Das setzt ihrer Ausbeutung gewisse Grenzen und garantiert ihnen einen minimalen Schutz. Mit ein Grund, warum sie sich in Scharen taufen lassen.

Eine ähnlich zweideutige Rolle spielt die spanische Krone, Motor des transatlantischen Unternehmens. Der Hof giert zwar nach Abgaben – zwanzig Prozent der mexikanischen Edelmetallproduktion fließen von vornherein in die königliche Schatulle –, ist aber eifersüchtig darauf bedacht, in Neuspanien keine privilegierte neue Klasse entstehen zu lassen. Wo immer die Eroberer sich Macht verschaffen, versucht der spanische Hof, diese zu beschränken. Zwar kann die spanische Monarchie nicht verhindern, daß sich die Kolonialisten mit der Einführung von Zwangsarbeit ein bedeutendes Herrschaftsinstrument verschaffen, ein System, das sich weit über die mexikanische Unabhängigkeit 1821 hinaus erhält. Doch solange die Macht des spanischen Hofs über den Atlantik reicht, sorgen königliche Gesetze immerhin für Mindestlöhne und zeitliche Beschränkung von unfreiwilligen Arbeitsleistungen.

Eigentlich haben die Spanier in der »Neuen« Welt vor allem auf Gold gehofft. In Mittelamerika zumindest wird diese Hoffnung enttäuscht. Immerhin finden sie Silber, in unvorstellbaren Mengen. Dank der amerikanischen Produktion verdreifachen sich die europäischen Silbervorräte innerhalb von eineinhalb Jahrhunderten. Der Bergbau setzt eine Dynamik in Gang, die Neuspanien prägt. Manche der Silberminen finden sich fernab von bestehenden Städten und Dörfern, vor allem im wenig besiedelten nördlichen Teil des Landes. Die Minen und die daraus entstehenden Städte entwickeln sich bald zu Keimzellen der neuen Struktur der Kolonie. Denn die Minen sind auf eine große Zahl von Arbeitskräften angewiesen. Anfänglich versucht man es mit aus Afrika hergeschleppten Sklaven, doch Spanier, die bei der großen Plünderung leer ausgegangen sind, und vor allem Indios stellen bald den Hauptteil der Minenarbeiter. Aus ihnen gehen die ersten größeren Mestizengemeinschaften hervor.

Die Kumpels brauchen was zu essen, die Erzgewinnung ruft nach Last- und Zugtieren – ein Umstand, der auch die Landwirtschaftsstruktur Neuspaniens von Grund auf verändert. Ein Eckpfeiler der neuen Ökonomie wird die Hazienda. Ihre spanischen Besitzer raffen jeweils so viel indianisches Land zusammen, wie sie können. Ist die Nachfrage der neuen Minen und Städte groß, produzieren die Haziendas Lebensmittel – Brot, Fleisch, Zucker, Eier, Gemüse – auf Hochtouren. Im allgemeinen aber schöpfen die *hacendados* – die Hazienda-Besitzer – die Produktionskapazität ihrer Grundstücke nur sehr begrenzt aus. Wenn die Produktion in den Minen stagniert, wie im 17. Jahrhundert, als sich die oberflächlichen Silbervorkommen erschöpfen, produziert der Besitzer nur noch für sich und die Leute, die auf der Hazienda leben und arbeiten. Die Hazienda ist eine Art Schneckenhaus der Kolonisten, nur wesentlich größer, manchmal von der Dimension eines Schweizer Kantons.

Die Hazienda ist, auch abgesehen von ihrer Ausdehnung, alles andere als ein gemütlicher Bauernhof. Mit dem Einverständnis des *hacendado* leben auf dem Grundstück oft Dutzende von Indiofamilien. Sie erhalten explizites Wohnrecht samt einem Stück Land für ihre Grundversorgung. Als Gegenleistung haben diese *peones* dem Besitzer ihre Arbeitskraft zur Verfügung zu stellen und einen Teil ihrer Ernte abzuliefern. Ein zusätzlicher minimaler Lohn rückt das Arrangement in ein besseres Licht. Doch der haziendaeigene Laden, die *tienda de raya*, sorgt dafür, daß der *peón* beim *hacendado* stets in der Kreide steht, was die Indios in totale Abhängigkeit von ihrem Brotherrn bringt. Dem Besitzer der Hazienda gehören also in der Praxis nicht nur riesige Flächen Land, sondern er ist gleichzeitig Herr über Menschen, die er nach Belieben belohnen oder an einen Pfosten binden und auspeitschen lassen kann. Es entsteht genau das, was der spanische Hof verhindern wollte: eine lokale Klasse von neuen Machthabern, die aufgrund ihrer insgesamt bescheidenen Produktivität wenig Steuergelder in die königliche Schatulle fließen läßt.

Die enteigneten früheren Besitzer des Landes, welche sich nicht in den Bergbau oder in die Hazienda integrieren lassen, pfercht man ungeachtet ihrer angestammten Stellung in Dörfer, denen man gerade so viel Umland zugesteht, daß die Bewohner sich selbst schlecht und recht ernähren können. Stillhalten ist die Devise in diesen *repúblicas de Indios*. Initiative ist nicht gefragt, wozu auch. Wer sich doch hervortut und etwas mehr erwirtschaftet als die andern, den wählt die Gemeinde umgehend für ein Jahr zu ihrem Oberhaupt. Seine Funktion besteht nicht zuletzt darin, bei kirchlichen und weniger kirchlichen Feierlichkeiten genügend Alkohol, Kerzen und Raketen zur Verfügung zu stellen, die Musiker freizuhalten und die Gemeinde zu verköstigen. Am Ende eines Amtsjahres ist der Mann ärmer als seine Dorfgenossen, aber er hat beträchtlich an Ansehen gewonnen. Und wenn er beharrlich genug ist, kann er nach ein paar Jahren wieder zu bescheidenem Reichtum gelangen, um erneut zum *mayordomo* bestimmt zu werden. Alte Männer, die das mehrmals in ihrem Leben geschafft haben, genießen das höchste Ansehen in der Gemeinde. Wenn es in den *repúblicas de Indios* auch keinen Reichtum zu erwerben gibt, ist wenigstens die Armut einigermaßen gerecht verteilt. Man läßt die indianischen Gemeinden mehr oder weniger gewähren und sich selber verwalten, solange sie ihren Tribut bezahlen – was sie sowieso tun, weil bebaubares Land auch in Neuspanien ein beschränktes Gut ist – und ihren Bevölkerungsüberschuß als Arbeitskräfte an die Silberminen »abliefern«.

Die Kontrolle der spanischen Krone über ihre Untertanen jenseits des Atlantiks wird immer schwieriger, Gesetz und Praxis im Königreich Neuspanien klaffen zunehmend auseinander. *Königliche Vorschriften monopolisierten Ein- und Ausfuhr aller Güter der Kolonie, doch am Rand des Gesetzes bewegten sich Schmuggler, Viehdiebe, Banditen und Hehler*, schreibt der US-Anthropologe Eric Wolf. *Um das Gesetz zu umgehen, bildete sich ein Heer von Schreibern, Rechtsanwälten, Fürsprechern, Intriganten und Schnüfflern: die* coyotes *des modernen Mittelamerika, ein ursprünglich rein ethnischer Begriff, der den Typus Mischling bezeichnete. In dieser Gesellschaft nahmen selbst alltäglichste Handlungen den Geruch von Illegalität an; mehr noch: auf solcher Illegalität entstand eine ganze soziale Ordnung.*

Der Mestize wird zum Inbegriff des wendigen, nicht zu fassenden Opportunisten. Er bewegt sich am Rand der Gesellschaft – und am Rand der Wirklichkeit. Er erfindet und manipuliert vorneweg *seine* Wirklichkeit. Phantasie ist sein größtes Kapital. Er verpflichtet sich nichts und niemandem. Seine Sprache ist unverbindlich und zweideutig. Er gehört zu keiner Gruppe und braucht keine Rücksichten zu nehmen. Er ist flexibler und agiler als die *criollos* (rein spanischstämmige Einwohner der Kolonie) und sucht ausschließlich seinen momentanen Vorteil.

Doch noch ist die Stunde der *mestizos* nicht gekommen. Zwar stellen sie Ende des 18. Jahrhunderts mit 1,5 Millionen bereits ein Viertel der mexikanischen Bevölkerung. Ihnen stehen 3,5 Millionen rechtlose Indios und eine Million reiche *criollos* gegenüber. Vorerst sind es die *criollos*, die – von der Französischen Revolution und der Unabhängigkeit der USA angesteckt – eine Chance wittern, sich der Kontrolle durch das Mutterland zu entziehen und sich von lästigen Abgaben zu befreien. Als Napoleon 1808 Spanien annektiert, schicken sich die *criollos* an, die Gelegenheit zu nutzen und die spanischen Beamten zu verjagen. Am 16. September 1810 ruft Miguel Hidalgo, ein temperamentvoller Gemeindepfarrer, von der Kanzel: *Mexicanos: ¡Que viva México!* »Mexikaner! Lang lebe Mexiko!« In der Nacht zuvor haben der Pfarrer und seine Getreuen alle Gefangenen in Quéretaro, San Miguel und Dolores in Zentralmexiko befreit und die Gefängnisse mit Spaniern – *gachupines* – gefüllt. Der Tag des *Grito*, des Aufrufs zur Unabhängigkeit von der Kanzel, gilt bis heute als mexikanischer Nationalfeiertag, auch wenn noch elf Jahre vergehen und 60 000 Menschen sterben (darunter auch Pfarrer Hidalgo), bis es Mexiko gelingt, sich von Spanien abzukoppeln.

Das entstehende Machtvakuum nutzen die USA. Sie annektieren 1845 Texas, das damals zu Mexiko gehört. Als sich Mexiko zur Wehr setzt, besetzen die *gringos* die mexikanische Hauptstadt. Die Mexikaner müssen sich nicht nur mit dem Verlust von Texas abfinden, sondern ihr halbes Staatsgebiet hergeben: Kalifornien, New Mexiko, Arizona, Nevada, Utah sowie Teile von Kansas, Colorado und Wyoming gehören fortan zur USA. Später, während die USA in ihren Sezessionskrieg verstrickt sind, ziehen auch noch die Franzosen in Mexiko-Stadt ein und rufen ein Kaiserreich aus. Der österreichische Erzherzog Maximilian, der die Krone übernimmt, wird allerdings vier Jahre später erschossen.

Das nächste blutige Großereignis, die Mexikanische Revolution (1910–1920), bringt endlich die Mestizen an die Macht. In Europa ist das Bild des Revolutionärs geprägt von Figuren der russischen Revolution, dem spitzbärtigen Lenin oder dem scharfzüngigen Trotzki: im Prinzip elitäre Avantgardisten. Ganz anders die mexikanischen Revolutionäre. Eine der Leitfiguren der Bewegung ist der Bauer Emiliano Zapata aus Morelos. Er kämpft dafür, daß altverbriefte Land- und Wasserrechte geschützt werden, die expansionsgierige Haziendabesitzer den Kleinbauern streitig machen. Nichts von Avantgarde, sondern zurück zu alten Zuständen. Schließlich gewinnen die »Revolutionäre« in Morelos die Oberhand. Als aber Zapata mit seinen Leuten die Hauptstadt Mexiko besetzen soll, begibt er sich nur äußerst widerstrebend außerhalb seines bäuerlichen Territoriums. Die »Eroberung« Mexikos an sich ist kein Problem – die Zapatisten werden größtenteils gelassen erwartet –, doch die Bauern aus Morelos fühlen sich fern ihrer Scholle nicht in ihrem Element. Als sie eines Nachts die Schellen eines Feuerwehrwagens hören und ein riesiges rotes Ungeheuer durch die Straßen rasen sehen, legen sie sofort ihre Flinten an, in der Meinung, es handle sich um feindliche Artillerie. Zwölf ehrbare Feuerwehrmänner kommen dabei ums Leben.

Die zweite Leitfigur, Pancho Villa, ist vielleicht der noch eindeutigere *mestizo*-Repräsentant der Mexikanischen Revolution. Der nordamerikanische Mexiko-Spezialist John Womack charakterisiert ihn kurz und treffend: »Villa ist die fleischgewordene Willkür, und seine Männer nehmen ihn sich zum Vorbild.« Die *Villistas* sind Populisten ohne Bindung an Grund und Boden und ohne genau definierte inhaltliche Ziele. Während die Zapatisten in der Hauptstadt von Tür zu Tür ziehen, jedem Gedanken an so etwas Ungehöriges wie Plünderung fern, und höflich klingeln, um einen Teller Essen zu erbitten, kommt Pancho Villa, nachdem die Zapatisten die Arbeit getan haben, vergnügt nach Mexiko-Stadt, um auch »wieder einmal ein paar Kügelchen abzufeuern«.

In der Provinz nimmt man die Revolution lange Zeit kaum wahr. Man weiß wenig über die Parteien jener gewaltsamen Auseinandersetzung und noch weniger über deren Programme. Was die Willkür der entfesselten Mestizen schließlich für den Großteil der Bevölkerung bedeutet, beschreibt einer der großen mexikanischen Historiker, Luis Gonzáles in seiner spannenden Studie *»Pueblo en vilo«* – Ein Dorf im Ungewissen. Die Entstehung des Mestizenstaates ist schmerzhaft, nicht immer so heroisch wie sie offiziell gern dargestellt wird, und manchmal – Mexiko wäre nicht Mexiko – von unfreiwilliger Komik.

San José de Gracia – Schauplatz von *»Pueblo en vilo«* – ist ein abgelegenes Bauerndorf im Westen Mexikos, das die ersten Revolutionsjahre mehr oder weniger heil überstanden hat. Schließlich aber verwüstet eine der vielen Räuberbanden, die damals durchs Land marodieren, San José praktisch bis auf die Grundmauern, trotz verzweifelter Gegenwehr seiner Bewohner. Während die einen fliehen können, werden zwanzig gefangene Männer zur Hinrichtung geführt. Der berüchtigte Anführer der Banditen, Inés Chávez García, hat die Gepflogenheit, Hinrichtungen musikalisch untermalen zu lassen. Zu diesem Zweck schleppt er eine ganze Blechkapelle mit, die er bei anderer Gelegenheit gefangengenommen hat.

Der Henker, ein gewisser Chencho, trat auf die Gruppe der Gefangenen zu und sprach: »Mein General Chávez gewährt Euch die Gnade, daß die Kapelle jedem sein Lieblingsstück spielt, während ihm die Kehle durchgeschnitten wird.« Er krempelte die Ärmel hoch, zog seinen Dolch und fragte: »Auf welcher Seite fangen wir an?« Der Schuhmacher Juan González, der am einen Ende der Reihe stand, antwortete: »Am andern Ende, Señor.« Don Gumersindo Barrios, der das andere Ende bildete, rief: »Man spiele mir die Adelita.«

Adelita, so heißet das Mädchen,
ich lieb' es für immer auf Ehr'
Mir blüht eine Rose auf Erden,
die einst zu schneiden Gott mir gewähr'.
...
Und sollt' eine Kugel mich treffen,
bleib' tot im Gebirg' ich zurück
Bei Gott, Adelita, weine,
daß mir versagt war mein Glück.
...

Die *Adelita* ist ein bis heute beliebtes Lied aus der Zeit des Unabhängigkeitskrieges. Doch Adelita braucht damals nicht zu weinen, denn weder Don Gumersindo noch dem Schuhmacher Juan González schlägt an jenem düsteren Sommertag des Jahres 1918 das letzte Stündchen. Der junge Pfarrer der Gemeinde kennt zwei der Banditen, die Einfluß auf ihren Anführer nehmen und ihn zur Raison bringen. Am nächsten Tag verlassen Inés Chávez und seine Horde die rauchenden Trümmer von San José, ohne daß es zu weiterem Blutvergießen oder Vergewaltigungen gekommen wäre.

Die »Partei der Institutionalisierten Revolution«, kurz »PRI«, die aus der Revolution hervorgeht, beschert Mexiko den Ruf, der stabilste Staat Lateinamerikas zu sein. Länger als ein halbes Jahrhundert ist die Partei praktisch identisch mit dem Staat, der offiziell eine Demokratie, gemäß kritischen Stimmen eine »perfekte Diktatur« ist (so der peruanisch-spanische Schriftsteller Mario Vargas Llosa). Alle Fäden der Macht laufen beim jeweils für sechs Jahre amtierenden Präsidenten zusammen. Der steuert das Leben bis in den hintersten Winkel der Provinz, mittels alles durchdringender Gewerkschaften, die selbst die Schuhputzer kontrollieren. In Schüben wird Ernst gemacht mit der Landreform – vor allem während der dreißiger Jahre –, doch die Parzellen, welche die Bauern vom Staat in Erbpacht bekommen, genügen knapp zum Überleben, und auch das nur bis zur ersten Erbteilung. Die wahren Profiteure der Landreform sind die vermessenden Ingenieure, Agronomen und die Funktionäre der jeweiligen Bauerngenossenschaften. Aus ihnen gehen in vielen Fällen die *caciques*, die örtlichen Machthaber, hervor, welche – zum Teil bis heute – den Machttanz auf lokaler Basis mit dem in der Hauptstadt synchronisieren und dabei reichlich Tantiemen kassieren.

Neben Revolution und Banditen sorgen auch Zeitungen, später das Radio und schließlich das Fernsehen dafür, daß bis in den hintersten Winkel des Landes kein Stein auf dem andern bleibt. Not und Angst, Gewalt und Illusionen lassen Millionen von Menschen vom Land in die Stadt und aus Mexiko in die USA emigrieren. Die mannigfaltigen Umwälzungen beschleunigen die Mestizisierung. Von den rund hundert Millionen Mexikanern gelten heute achtzig Prozent als *mestizos*, Mexiko insgesamt als Mestizenstaat. *Criollos* und Indios machen je zehn Prozent der Bevölkerung aus. Der Anteil der Indios an der Gesamtbevölkerung nimmt stetig ab.

Im Kontakt mit der Außenwelt gibt sich der Mestizenstaat stets stramm nationalistisch. Bis zum Ende der achtziger Jahre des zwanzigsten Jahrhunderts grenzt sich Mexiko rhetorisch und manchmal auch mit Taten (Verstaatlichung des Erdöls 1939) vor allem deutlich gegen die USA ab. Das klare Feindbild hilft viele Risse innerhalb der eigenen Gesellschaft zu kitten. Seit der wirtschaftsliberalen Öffnung durch Präsident Carlos Salinas (1988–1994) hat sich die Beziehung zu den USA allerdings sichtlich entspannt. Gleichzeitig machen sich aber auch die innermexikanischen Widersprüche deutlicher bemerkbar.

Mexikos Nationalismus war von Anfang an auf einen Trug gegründet. Als Wurzeln der Mexikanität wurde dem Volk jahrzehntelang die Zivilisation der prähispanischen Völker verkauft. Der Anthropologe Eric Wolf (und nicht nur er) definiert den *mestizo* jedoch geradezu als die Antithese zum Indio. Indios sind verwurzelt in einer Gemeinschaft und einer Tradition, die Mestizen sind wurzellos. Was den *mestizo* historisch kennzeichnet, ist sein Streben nach Macht, die zum Selbstzweck wird. Das genügt natürlich nicht als Basis für eine nationale Identität. Das Problem ist bis heute nicht gelöst. Die

Kultur der prähispanischen Völker ist zwar *eine* der Wurzeln der heutigen Gesellschaft, aber beileibe nicht die einzige.

Doch unbeirrt lernt jedes mexikanische Kind in der Schule die heldenhaften Taten der indianischen Vorfahren bewundern. Was für die Schweizer Wilhelm Tell, ist für die Mexikaner der tragische Aztekenprinz Cuauhtémoc. Jeder mexikanische *mestizo* identifiziert sich mit den *historischen* Indios, kaum einer mit den Spaniern. Für ihn sind die Spanier in erster Linie diejenigen, »die *uns* kolonisiert haben«. Andererseits hat der *mestizo* für die *heutigen* Indios nur Verachtung übrig. Indios sind für ihn die in schmutzige Lumpen gehüllten Gestalten, die an den Verkehrsampeln von Mexiko-Stadt betteln oder apathisch und womöglich besoffen auf irgendwelchen staubigen Dorfstraßen herumliegen. Die schizophrene Haltung ist aufschlußreich. Mit der mythischen Überhöhung einer vergangenen Kultur verdeckt das heutige Mexiko die Misere der physischen Überreste jener indianischen Hochzivilisation. Die überlebenden Indios vegetieren am Rand der Gesellschaft. Eine erste Warnung kam in der Neujahrsnacht 1994 mit der Revolte der sogenannten Zapatisten in Chiapas. Auch wenn sie nur noch zehn Prozent des mexikanischen Volkes ausmachen – die Urbevölkerung läßt sich nicht ignorieren.

Jetzerchen und näherlein
Mexiko für Rationalisten

It's the real thing. Sie kennen wahrscheinlich den Werbespruch für Coca Cola. Sie genauso wie die meisten Australier, Chinesen und Südafrikaner. Kein Land auf der Welt, in dem das Versprechen vom »einzig Wahren« nicht Gläubige findet. Kein Land – außer Mexiko. Zwar sind die Mexikaner – pro Kopf gerechnet – die durstigsten Cola-Konsumenten der Welt, aber daß das braune Sprudelwasser etwas wie »Wahrheit« oder »Authentizität« garantiere, diese Idee läßt die Mexikaner kalt. Die Kampagne mußte abgebrochen und ersetzt werden. Warum? Weil »das einzig Wahre« in Mexiko nichts bedeutet. Das Wirkliche, das Reale gibt es nicht.

Lo increíble es la verdad, verkündete während Jahren eine mexikanische Zeitschrift in ihrem Untertitel. Die deutsche Übersetzung dafür – »Unglaublich, aber wahr« – ist zu harmlos. *La réalité surpasse la fiction* – wie die Franzosen sagen – kommt der Sache schon näher: Die Wirklichkeit übertrifft (manchmal) die (kühnste) Vorstellung. Die mexikanische Zeitschrift aber geht noch einen Schritt weiter und behauptete nichts weniger, als daß es das Unglaubliche sei, aus dem die Realität bestehe. Sie führte Menschen mit zwei Köpfen vor, drei Meter hohe Söhne von einem Meter kleinen Müttern; vermeintlich Tote überleben einen Schuß mitten durch die Brust, während der hinter ihnen Stehende tot umfällt. Die Mexikaner sind fasziniert von solchen Geschichten. Ob sie wahr sind oder erfunden, ist drittrangig. Der Historiker Luis González berichtet von Emigranten, die aus den USA oder aus der Hauptstadt in ihre Dörfer in der Provinz zurückkehren und den Daheimgebliebenen Geschichten aus der Fremde erzählen, in den grellsten Farben, voller großartiger, *erfundener* Details. Niemand überführt sie der Lüge. Denn, ob die Geschichte wahr ist oder nicht, interessiert das Publikum nicht. Es geht darum, die Zuhörer zu unterhalten, nicht, sie von einer Wirklichkeit zu überzeugen.

Was wirklich wahr, was wahrhaft wirklich ist, bleibt stets vage. Da sitzt einer in der Kneipe und erzählt. Bestellt für sich und seinen Begleiter ein Bier. Entschuldigt sich beim andern dafür, daß das Bier lauwarm sei, nach Eselpisse schmecke. *Wenn Sie jedoch nach Luvina kommen, werden Sie es vermissen. Dort gibt es nur Mezcal, von dem es Ihnen schon beim ersten Schluck übel wird.* Und der Mann erzählt dem andern mehr von Luvina, diesem Ort, wo die Traurigkeit geboren wurde. »Der Wind, der dort bläst, wirbelt sie immer von neuem auf und trägt sie doch nicht fort.« Erzählt weiter, immer weiter, bis es Nacht wird, bis sein Kopf auf den Kneipentisch sinkt und er einschläft. Und der Zuhörer? Den hat's wohl nie gegeben. So wenig wie Luvina, jenen dem Untergang geweihten Ort, wo nicht mal mehr Hunde die Stille anbellen.

Luvina ist ein fiktiver Ort, Titel einer Erzählung von Juan Rulfo, der in seinem Leben dreihundert Seiten schrieb und damit die mexikanische Literatur weltberühmt machte. Juan Rulfo hat seine beiden Bücher – den Erzählband *»Der Llano in Flammen«* und den Kurzroman *»Pedro Páramo«* – in den fünfziger Jahren veröffentlicht und wurde damit über Nacht einer der Großen der Weltliteratur. Gabriel García Márquez nennt ihn neben Kafka und den Erzählungen aus »1001 Nacht« sein wichtigstes Vorbild. Rulfo könnte eine Figur aus einem seiner eigenen Bücher sein: Nach deren Veröffentlichung führte der Dichter ein Leben als stiller Beamter, während er auf Kolloquien, Seminaren und Kongressen in aller Welt als Koryphäe gefeiert wurde. Er schreibe an einem großen Roman, wurde gemunkelt, dreißig Jahre lang. 1986 starb Juan Rulfo – ohne eine weitere Zeile zu hinterlassen.

Als Nordeuropäer mag man bedauern, daß es in diesem Land nichts gibt, woran man sich festhalten kann. Für die Mexikaner ist es umgekehrt: Daß Realität biegbar und dehnbar, erfindbar und erträumbar ist, macht das Leben erst möglich, mehr noch, macht es lebenswert.

Eines der wichtigsten Instrumente zur Modellierung von Wirklichkeit ist die Sprache. Es gibt wahrscheinlich kein zweites Land, in dem das Spiel mit der Sprache von jedermann derart beherrscht wird. In Mexiko dreht und wendet man Wörter, bis sie einen zweiten oder dritten Sinn annehmen. Dabei mutiert das Ausgangswort – oder was es bezeichnet – oft in etwas anderes, womöglich gerade in sein Gegenteil.

Llévese su caca, preist der Erdnußverkäufer auf dem Lebensmittelmarkt seine Ware an und grinst. *Caca* kann als Abkürzung von *cacahuate* – Erdnuß – verstanden werden, aber es heißt auch schlicht »Kacke«. »Kaufen

Sie Erdnüsse« wird also unterlegt durch »Kaufen Sie Kacke« (oder aber auch: »Räumen Sie Ihre Scheiße weg«). Zartbesaitete Besucher – sofern sie's überhaupt verstehen – erschaudern; die Mexikaner haben ihren Spaß, nicht zuletzt daran, daß sie in einer Sprache reden können, von der selbst sprachkundige Ausländer im allgemeinen wenig, die sie selbst aber bis in die dunkelsten Schattierungen ganz präzise verstehen.

Daß »Realität« modellierbar ist, hilft zum Beispiel dem überlasteten Kellner. Wenn Sie schon längst die Rechnung verlangt haben, kann es vorkommen, daß der Kellner, wenn Sie ihn entnervt ein zweites Mal nach der Rechnung fragen, in entwaffnender Liebenswürdigkeit, als hörte er Ihr Anliegen zum erstenmal, fragt: »Die Rechnung?« Und wenn Sie ihn dann, die Gelegenheit nutzend, daß er gerade frische Tortillas an den Nebentisch bringt, zum drittenmal um die Rechnung bitten wollen, kommt er Ihnen zuvor, indem er Ihnen sozusagen Ihren Wunsch von den Augen abliest: »Sie möchten die Rechnung, nicht wahr?« Kann sein, daß der Kellner noch ein weiteres Mal vorbeikommt, ohne Rechnung. Dann wird er Ihnen auf liebenswürdigste Art zusäuseln: *Ahorita le traigo su cuenta* – Gleich werde ich Ihnen die Rechnung bringen.

Ahorita ist das Zauberwort, mit dem sich die Realität der Zeit relativieren läßt. *Ahorita* ist die Verkleinerungsform von *ahora*. Das spanische Wort *ahora* heißt »jetzt«. Doch wie die Mexikaner kaum einen Vornamen unverkleinert – das heißt, nur in Zärtlichkeitsform – über die Lippen bringen, so wenig macht diese Vorliebe bei andern Wortkategorien halt. Also wird aus *ahora ahorita* –

ein verkleinertes, dadurch zugespitztes »jetzt«: »jetzerchen« – »jetzt gleich«. Auch die Version *ahoritita*, eine nochmalige Steigerungsform der Augenblicklichkeit, ist oft zu hören. Mit der Zeit lernt man, daß auch dieses Wort mindestens noch eine zweite Bedeutungsebene hat, daß *ahorita* einerseits heißt »jetzt gleich«, aber gleichzeitig meint »jetzt nicht«, »später« oder gar »ich mag nicht«. Die Formel *ahorita* ermöglicht es, ausgesucht höflich zu sein, etwas auf später zu verschieben, statt es ablehnen zu müssen, das ominöse Wort »Nein« zu vermeiden.

»Nein« sagen zu müssen ist für die Mexikaner das schwierigste überhaupt. Sie versuchen unter allen Umständen, um dieses sie so festlegende Wort herumzukommen. Ein für uns vermeintlich schlichtes »Nein« kann Freundschaften auf einen Schlag beenden oder den Entschluß auslösen, ein Problem mit der Waffe zu beenden. Selbst ein Kind, das an der Kreuzung bettelt oder Kaugummi verkauft, wird nicht mit einem schnöden »Nein« abgewiesen, sondern mit einem *ahorita no* – im Moment nicht – oder mit der Versicherung, ihm beim nächstenmal etwas zu schenken bzw. etwas abzukaufen. Glauben Sie nicht, daß sich dahinter eine besonders ausgefeimte lügnerische Taktik versteckt. Der Autofahrer, der sich seine Windschutzscheibe erst beim nächstenmal putzen lassen will, ist von seinem Vorhaben fest überzeugt. Mexikaner haben ein weiches Herz.

Lesen und Schreiben hatte Adalberto Tena im kleinen Fischerort Zihuatanejo am Pazifik nie gelernt, aber der Junge sog gierig alles auf, was um ihn herum passierte, alles, was die Leute erzählten oder was das vor kurzem aufgekommene Radio berichtete. Als er eines Tages – es war Anfang der vierziger Jahre – von einer Errungenschaft der modernen Zeit hörte, die sich »Kino« nannte, ging ihm das nicht mehr aus dem Kopf. Er wollte dieses Wunder kennenlernen. Und dann redete er so lange auf seinen Vater, einen trinkfreudigen *rancho*-Besitzer, ein, bis ihm dieser Geld lieh, mit dem der junge Adalberto sofort in die Hauptstadt reiste.

In Mexiko-Stadt war das Wunder sozusagen mit Händen zu greifen. Der junge Mann ließ sich in einem Kino als Hilfskraft anstellen und lernte einen Filmprojektor bedienen. Nach drei Monaten kaufte er sich eines dieser Vorführgeräte, transportierte es an die Küste und schiffte sich in Acapulco mit dem Apparat nach Zihuatanejo ein. Nachdem in Zihuatanejo alles für die erste Vorführung vorbereitet war, ging er aufs örtliche Telegraphenamt und bestellte eine Kopie von »Vom Winde verweht«, die er zu Pferd in Acapulco abholte. Damit machte er sich auf den 250 Kilometer langen Heimweg.

Endlich war es soweit. Mondlicht flutete über die Wellen, die in die stille Pazifikbucht drängten. In einem heißen Saal des Städtchens saßen die Neugierigen dichtgedrängt auf den Bänken. Das Licht ging aus, und da passierte das Wunder: Aus der Dunkelheit tauchten – überlebensgroß und in prallen Farben – Vivien Leigh und Clark Gable auf. Und wenn sie den Mund aufmachten, hörte man, daß sie sprachen, wenn auch in einer Sprache, die niemand verstand. Es dauerte nicht lange, bis die ersten Zuschauer in Ohnmacht fielen und andere sich unter die Stühle flüchteten. Doch Clark Gable und Vivien Leigh ließen sich nicht beirren, so wenig wie der junge Mann, der sich in der Mechanik des Wunders auskannte. Trotz vorübergehendem Tumult konnte die Vorführung zu Ende gebracht werden, mit einem gefährlichen Nachspiel allerdings.

Der junge Kinounternehmer saß bereits zu Hause bei seiner Familie, berauscht von der Wirkung, die sein kühnes Unternehmen im Städtchen hervorgerufen hatte. Jemand schlug an die Tür, verlangte, sofort eingelassen zu werden. Es waren die aufgebrachten Eltern eines Jungen, der mit hohem Fieber von der Filmvorführung nach Hause gekommen war. Sie hielten Adalberto Tena eine Pistole vor die Brust: Wenn ihm sein eigenes Leben lieb sei, solle er ihrem Jungen schleunigst die Teufel wieder austreiben, die er mit seiner Höllenmaschine gerufen habe. Adalberto Tena bewahrte Ruhe. Die Besucher – und auch das Fieber – verschwanden so plötzlich, wie sie gekommen waren.

Das Wunder, das man, gegen Bezahlung von Eintritt, mit eigenen Augen sehen konnte und das »Kino« genannt wurde, etablierte sich in Zihuatanejo genauso wie andernorts. Regelmäßig ritt Adalberto Tena, auch genannt Beto, nach Acapulco, um die neuen Filmrollen abzuholen: Cantínflas, der berühmteste mexikanische Komiker, und all die Filmklassiker aus der Blütezeit des mexikanischen Kinos mit Dolores del Río und María Felix in den Hauptrollen versetzten das Pazifikstädtchen in Aufregung. Noch fünfzig Jahre später glaubte Don Beto, inzwischen von einem Herzschrittmacher angetrieben, ungebrochen an die Kraft des Mediums, das Illusionen in Wirklichkeit verwandelte. Riesige Sandhaufen versperrten den Eingang zur Kinohalle mit ihren fünfhundert staubigen Sitzen. Don Beto, den stets zu kleinen Hut auf dem Kopf, überwachte den Umbau persönlich. Eine Klimaanlage würde in Zukunft das Kinoerlebnis temperieren. Und der Film für die Wiedereröffnung – zugleich fünfzigster Geburtstag des Kinos und sein eigener siebzigster – stand schon fest: *»Cinema Paradiso«* – eine nostalgische Hommage an die Institution Kino und ihre illusionsstiftende Kraft. Unter die Stühle flüchtet sich niemand mehr.

Noch immer, trotz Hollywood-Dominanz und globaler Ökonomie, ist die Faszination der Mexikaner für das unendliche Land im Grenzbereich zwischen Illusion und Realität ungebrochen. Am jährlichen Geburtstag des Dorf- oder Quartierheiligen – der Geburtstag dauert im allgemeinen eine Woche – gibt es beispielsweise noch da und dort geheimnisvolle, mit schwarzem Stoff ausgekleidete Buden von sechs Quadratmetern Grundfläche. Am Eingang auf der einen Seite wird das Eintrittsgeld bezahlt. Die Warteschlange bewegt sich nur langsam. Wer es schafft, in die dunkle Höhle einzudringen, steht vor einem faszinierenden und beklemmenden Anblick. Von nachrückenden Neugierigen gedrängt, defiliert man an einem von innen erleuchteten Sarg vorbei, der mit einem Gitter abgedeckt ist, das den Blick auf eine junge Frau freigibt. Das Mädchen ist dürftig bekleidet, und wer den Nerv hat, genau hinzuschauen, sieht, daß sich da und dort etwas bewegt. Mehr noch: ein glitzerndes Schlängeln auf dem Leib der Frau, im buchstäblichen Sinn. Hochgiftig seien die Viecher, läßt einen die über dem Sarg angebrachte Tafel wissen, und die kleinste Irritation genüge, daß der vorübergehende Aufenthaltsort der jungen Frau ihr endgültiger werde.

Eine Szene, die Luis Buñuel gefallen hätte. In Spanien geboren, ließ sich der Filmregisseur 1945 in Mexiko einbürgern. Hier fand der Begründer des surrealistischen Kinos Begebenheiten nach seinem Geschmack im Dutzend. Genüßlich erzählt er in seiner Autobiographie *»Mein letzter Seufzer«* folgende, einer Zeitung entnommene Geschichte:

Ein Mann wartet auf der Haltestelle auf den Bus.

»Fährt von hier der Bus nach Chapultepec?« fragt ihn ein anderer.

»Ja«, antwortet der erste.

»Und der nach sowieso?«

»Ja, der auch.«

»Und der nach San Angel?«

»Nein, der nicht«, antwortet der erste.

»Nun gut, das hier ist für alle drei zusammen«, sagt der andere, und schießt ihm drei Kugeln in den Leib.

Und Buñuel fügt bei: »Wie André Breton gesagt hätte: ein rein surrealistischer Akt.« In der Tat liebten die Surrealisten Mexiko für seinen – in ihren Augen – verdrehten Umgang mit Realität, seinen nicht rationalen Umgang mit der Wirklichkeit. Mexiko war überdies das lebendige Beispiel dafür, wie sich das Leben prägen ließ im Sinne der von den Surrealisten herbeigesehnten geistigen und sozialen Revolution (die Mexikanische Revolution – 1910–1920 – lag noch keine zwanzig Jahre zurück). André Breton, die charismatische Leitfigur der Surrealisten, verbrachte kurz vor Ausbruch des Zweiten Weltkriegs mehrere Monate in Mexiko, das er »den surrealistischen Ort par excellence« nannte. Bei seiner

Rückkehr brachte er Bilder und präkolumbianische Objekte nach Paris, die er in einer Galerie zeigte, was das Interesse weiterer Surrealisten – und Nicht-Surrealisten – für Mexiko entfachte. Als schließlich der Krieg ausbrach, wurde Mexiko, neben New York, zum wichtigsten Exilort der Künstlergruppe.

Viele heutige Besucher sind vom mexikanischen Umgang mit Realität weniger begeistert als die Künstler von damals. Sie würden lieber »direkt zur Sache kommen«, würden es vorziehen, »Klartext zu reden«. Für solche Strategien ist Mexiko denkbar ungeeignet. Alternative Patentrezepte dagegen gibt es kaum. Nur eines gilt es unter allen Umständen zu bewahren: Höflichkeit. Ein gängiges Sprichwort warnt: »Wer sich aufregt, zieht den Kürzeren.« Der Rest entzieht sich Nicht-Mexikanern immer aufs neue. Und führt manchmal zu Überreaktionen.

Wir hatten gerade unser erstes Auto, einen funkelnagelneuen Volkswagen, gekauft. Auf unserer ersten Fahrt über Land kamen wir nach langer Reise in ein kleines Städtchen, in dem wir eine Tankstelle vermuteten. Praktisch mit dem letzten Tropfen fuhren wir an die Zapfsäule. Bedient wurde die Tankstelle von einem Haufen junger Lümmel, von denen uns einer den Stutzen in den Tank hielt, bis der Zähler auf vierzig Litern stehenblieb.

Wir bezahlten und fuhren los. Da fiel uns auf, daß die Bezinanzeige auf der gleichen Stelle stand wie zuvor, nämlich auf leer. Wir machten rechtsumkehrt. War die Anzeige – die Anzeige eines nigelnagelneuen deutschstämmigen Qualitätsprodukts – kaputt oder hatte man uns reingelegt? Wir erinnerten uns an eine Zeitungsmeldung jener Tage, die berichtete, in Mexiko-Stadt seien drei Tankstellen geschlossen worden. Eine Überprüfung hatte ergeben, daß die Zähler auf der Zapfsäule getürkt waren ...

Wir ließen – schließlich waren wir keine blauäugigen Gringos – den Tankdeckel öffnen und einen Stecken einführen, um zu sehen, ob der Tank wirklich voll sei. War er nicht. Ein Ring von sieben oder acht Halbwüchsigen, mit hochgekrempelten weißen T-Shirts, stellenweise rasierten oder zum Schwänzchen gebundenen Haaren, Tätowierungen und kleinen Silberringen an allerlei Körperstellen schloß sich um uns. Man überschüttete uns mit Erläuterungen, wie in modernen Autos die Benzinanzeige funktioniere, wie das alles mit der Elektronik zusammenhänge. Demonstrativ füllte man erneut Benzin nach: Tatsächlich schluckte der Tank lediglich drei, vier Liter, dann lief er über. War er voll? Wir bezahlten das zusätzlich getankte Benzin und fuhren – mißtrauisch – wieder los. Die Anzeige stand noch immer auf rot, aber ein wenig höher als zuvor, um drei, vier Liter eben. Aha. Wir fuhren gleich nochmals zurück. Stritten uns mit dem Personal (mexikanisch, also höflich), und hörten uns erneut schillernde Erläuterungen, Vermutungen, Theorien an. Beide Seiten waren sorgfältig darauf bedacht, eine Konfrontation zu vermeiden. Noch einmal paßten drei, vier Liter in den Tank, dann lief er wieder über. Mit den insgesamt sieben Litern würden wir es wenigstens zurück nach Hause schaffen; soviel wußten wir (und verwünschten einmal mehr unsere technische Mangelbegabung). Wir gaben klein bei, wenn auch ungern. Man entwickelt mit der Zeit einen ungeahnten

Ehrgeiz, nicht übers Ohr gehauen zu werden, und es juckt besonders, wenn man genau merkt, daß etwas nicht stimmt, man aber nicht rauskriegt, was. Hingebungsvoll pflegten wir auf der Rückfahrt unseren verletzten Stolz. Der Trick war immerhin genial, die Jungs hatten sich nicht die geringste Blöße gegeben.

Erst als wir in die Straße zu unserem Haus einbogen, fiel uns auf, daß die Benzinanzeige einen Hauch unter dem Maximum stand. Es war also alles mit »rechten« Dingen zugegangen. Geirrt hatte sich das vermeintlich untrügliche deutsche Präzisionsinstrument – was die mexikanischen Beteiligten bei aller Bewunderung für deutsche Wertarbeit ohne Umschweife für möglich hielten. Uns allerdings war es schwergefallen, die Beteuerungen der Einheimischen für bare Münze zu nehmen – im Land, in dem Wahrheit und Wirklichkeit keine verbindlichen Größen sind.

Früher oder später wird es Ihnen garantiert passieren, daß Sie auf irgendwelchen faulen Zauber reinfallen, und dann immer wieder. Trösten Sie sich damit, daß Sie möglicherweise deshalb an der Nase herumgeführt wurden, weil Ihr mexikanisches Gegenüber nichts anderes wollte, als höflich bleiben und Sie nicht enttäuschen, wie in der geradezu klassischen Situation des Nach-dem-Weg-Fragens. Die meisten Mexikaner, die Männer in erster Linie, werden es nicht übers Herz bringen, Ihnen zu gestehen, daß sie nicht wissen, wo sich diese oder jene Straße befindet. Sie werden Sie auf die gleiche Frage einmal nach links und gleich darauf in die entgegengesetzte Richtung weisen. Und sie werden so gut wie sicher jedesmal behaupten, der Ort, den Sie suchen, befände sich nicht bloß *cerca* – »in der Nähe« –, sondern *cerquita*, also »näherlein«, in unmittelbarer Nähe. Denn, stellen Sie sich vor, er wäre weit, weit weg. Oder es gäbe ihn überhaupt nicht. Wie Luvina, jenen trostlosen Ort am kahlen Berg in der Erzählung von Juan Rulfo. Wären Sie dann nicht enttäuscht? Und Sie enttäuschen, das wollen die Mexikaner um alles in der Welt vermeiden.

Schmieren und Salben hilft allenthalben
Mexiko für Unbescholtene

Tatsache ist: Es gab einen Toten. Der Rest ist die Summe von Meldungen und Berichten, vielleicht wahren, vielleicht erfundenen. Rekonstruieren läßt sich ungefähr folgendes:

Antonio Flores Montes hatte eine achteinhalbstündige Operation hinter sich. Eine Prothese veränderte das Kinn, die Nase war neu, die Ohren nicht mehr wiederzuerkennen, und am Bauch wurden fünf (andere Quellen sprechen von vierzehn) Kilogramm Fett entfernt. Das Gesicht und der halbe Körper des Operierten waren von Verbandstoff bedeckt, als dieser auf Zimmer 407 eintraf. Um 22.30 Uhr, vier Stunden nach der Operation, wurden 36 Grad Körpertemperatur gemessen, ein Puls von 26 sowie 86 Atemzüge pro Minute. Der Blutdruckmesser zeigte 140/90. Das medizinische Personal war zufrieden.

Antonio Flores Montes war nicht allein zur Operation gekommen. Vier Männer begleiteten ihn. Die verordneten dem Patienten nun eine Dosis *Dormicum*. Das Personal erhob Einspruch. Das Mittel war in der Narkosevorbereitung verwendet worden und deshalb für den soeben Operierten ausdrücklich kontraindiziert. Einer der Begleiter beruhigte das Pflegepersonal: Er wisse, was er tue, er sei Arzt.

Am nächsten Morgen um 6.05 Uhr stellte das Klinikpersonal fest, daß der Patient tot war. Seine Begleiter schienen tief erschrocken, versuchten es mit Wiederbelebungsmaßnahmen. Einer, genannt *Güero*, zeigte sich besonders schockiert: »Das ist doch nicht möglich, vor einer halben Stunde habe ich noch mit ihm gesprochen.« Das wird schwerlich der Fall gewesen sein. Denn der Tod – das ließ sich leicht feststellen – war rund zwei Stunden früher eingetreten.

Um acht Uhr war die Leiche unterwegs zum Bestattungsinstitut. Ein paar Stunden später, mittels eilends ausgestellter Papiere, reiste sie im Flugzeug nach Norden – nicht nach Zacatecas, das Antonio Flores Montes als seinen Herkunftsort ausgegeben hatte, sondern nach Sinaloa. Daselbst bestätigte eine gewisse Aurora Fuentes, daß die Leiche die ihres Sohnes sei – die von Amado Carillo Fuentes, *Señor de los Cielos*, zu der Zeit mächtigster Drogenhändler ganz Lateinamerikas. Die *DEA*, die US-amerikanische Drogenabwehrbehörde, beeilte sich, die Aussage der Mutter zu bekräftigen, noch bevor die mexikanischen Amtsstellen über den Fall informierten.

Carillo hatte sich den Beinamen »Herr der Himmel« erworben, weil er Drogen in großen Passagierflugzeugen wie der Boeing 727 transportieren ließ statt in den einschlägig üblichen Kleinflugzeugen, die von den Drogenfahndern in ihren Cessnas leicht verfolgt werden konnten. Die Schwierigkeit bei diesem Unterfangen war, Landeplätze zu finden. Gerade darin bestand Amado Carillos Meisterschaft. Er kaufte, wer immer ihm beliebte: Gemeindepräsidenten, Richter, Gefängnisdirektoren, (vermutlich) einen Gouverneur und zuletzt den Chef der mexikanischen Drogenabwehr höchstpersönlich, einen hochdekorierten Armee-General. Carillo war nicht einer jener rachsüchtigen, maßlosen Mafiosi, die im Dutzend morden ließen. Der »Herr der Himmel« mordete gezielt und steuerte im übrigen sein Geschäft mit Geld.

Auch die mexikanischen Behörden kamen schließlich, fünf Tage nach der US-Drogenabwehr – und nach dem vorübergehenden Rücktransport der Leiche nach Mexiko-Stadt –, zum Schluß, der zusammengeflickte Tote sei tatsächlich Amado Carillo Fuentes. Der brillante Kolumnist Germán Dehesa spöttelte über die bekanntgegebenen Vorgänge: Ein Puls von 26 Schlägen pro Minute genüge nicht einmal, um Gott zu danken, daß man noch am Leben sei. Und daß einem Patienten vor einer umfassenden Gesichtsoperation nicht einmal der Schnauzer abrasiert werde (aus Sterilitätsgründen), sei schlicht absurd. (Der Öffentlichkeit war eine schnauzbärtige Leiche präsentiert worden.)

Wer wirklich operiert wurde, wer der Tote auf Zimmer 407 war, ob sich tatsächlich der Herr der Himmel »in seine natürliche Umgebung wiedereingliederte«, wie der Kolumnist Dehesa spöttelte: Keine dieser Fragen wird sich nach gängiger Erfahrung in den nächsten paar Jahren restlos klären. Mag sein, daß der Drogenboß in die Enge getrieben worden war. Doch ebensogut könnte er sein Ableben vorgespielt haben, um sich eine neue Identität zuzulegen, sei es, um ungestört seine bisherige geschäftliche Tätigkeit fortzuführen, oder sei es, um als gutbezahlter Informant in den Dienst der Drogenabwehrbehörde der USA zu treten. Die in den Zeitungen veröffentlichten Fotos von einer Wallfahrt ins Heilige Land konnten ihm jedenfalls nicht mehr schaden.

Den sühnenden Amado Carillo mit dem Aussehen von damals, ein Holzkreuz von mäßigem Gewicht durch die Gassen von Jerusalem tragend, gab es so oder so nicht mehr.

Zwei Wochen nach dem Ableben von Amado Carillo Fuentes alias Antonio Flores Montes wurde ein neunundzwanzigjähriger Mann erschossen. An *seiner* Identität gab es keinen Zweifel: Der Mann hieß Benjamín Flores González. Er war Verleger der lokalen Tageszeitung *La Prensa* in San Luis, einem Städtchen an der Grenze zur USA. Benjamín Flores hatte in der *Prensa* unter anderem regelmäßig über das Drogengeschäft berichtet, das im Teilstaat Sinaloa besonders blüht. Die Aktivitäten von Amado Carillo hatte er genauso unerschrocken verfolgt wie die des zwielichtigen Bruders des amtierenden Gouverneurs von Sinaloa, der seinerseits von den USA öffentlich der Beteiligung am Drogenhandel bezichtigt wird. Der Geschäftsumfang der Branche ist alles andere als unbedeutend: 1997 wurde geschätzt, daß allein die jährlichen *Gewinne* aus dem mexikanischen Drogenhandel (nicht der Umsatz!) zwischen fünf und zehn Prozent des gesamten Bruttoinlandproduktes entsprachen. Daß sich die Herren des Geschäfts jede Einmischung von außen, von seiten der Presse zum Beispiel, verbieten, versteht sich von selbst. Fünfzehn bis dreißig Milliarden Dollar Jahresgewinn verteidigt man mit allen Mitteln.

Der Zeitungsmann Benjamín Flores hatte Material präsentiert, das die gegenseitige Durchdringung von Drogenhandel, Politik und Justiz, von *narcos*, Polizei und Militär eindrücklich dokumentiert. Erst wenige

Wochen vor dem Mord am lokalen Zeitungschef war das Städtchen San Luis Río Colorado Schauplatz eines filmreifen Ereignisses gewesen. Die Meldung von den mexikanischen *narcos*, welche ein Polizeikommissariat überfallen hatten, um eine halbe Tonne beschlagnahmtes Kokain (Marktwert: rund 25 Millionen Dollar) zurückzubekommen, ging um die Welt.

Das Kokain war zwölf Tage zuvor zufällig entdeckt worden, als eine Cessna notlanden mußte. Das Militär beschlagnahmte die Ware und lieferte sie samt den fünf Festgenommenen ans örtliche Polizeikommissariat von San Luis ab, wo beides der Justiz zur Verfügung stehen sollte. Als die Drogenbande anrückte, hatte sie leichtes Spiel: Ein einziger Polizist war im Kommissariat zugegen. Der wurde, zusammen mit dem Kokain, gleich mitgenommen. Unklar war, wieviel Kokain die *narcos* zurückgeholt hatten: Nachdem das Militär von 500 Kilogramm beschlagnahmtem Kokain gesprochen hatte, meldete die Justiz von Sinaloa den Diebstahl von nur noch 243 Kilogramm.

Weitere zwei Wochen später wurden sieben Personen verhaftet. Es waren nicht, wie man erst vermutete, die Hintermänner der *narcos*, denen man die Drogen abgenommen hatte, sondern – »Diener der Öffentlichkeit«: Justizbeamte, Polizisten und eine Militärperson. Das Kokain kam weder in der ursprünglich noch in der später angegebenen Menge wieder zum Vorschein. Die Bankkonten der Verhafteten sprachen allerdings für sich.

Die Justiz ist mit denen, die sie eigentlich strafverfolgen sollte, völlig verfilzt. Obwohl im Juli 1997 in Mexiko zum erstenmal politische Wahlen stattfanden, die den

Namen »demokratisch« verdienen, und obwohl das 68 Jahre lang allein regierende Regime nun zum erstenmal mit einer ernsthaften Opposition konfrontiert ist, wuchert in der Justiz die Korruption wie eh und je. Richter sprechen, gegen entsprechende Bezahlung – und wohl auch unter massiven Drohungen –, Freilassungsscheine für vermögende Schwerverbrecher aus. Nach Aussage eines ehemaligen Gefängnisbeamten geben allein im *Reclusorio Norte* in Mexiko-Stadt, einer angeblich besonders ausbruchssicheren Anstalt, die einsitzenden Drogenhändler monatlich eine runde Million Dollar an Bestechungsgeldern aus, um ungestört ihre Geschäfte weiterzuführen. Zudem sichern sie sich auf diese Art Privilegien wie die Benutzung mehrerer Zellen für sich allein, einschließlich Höfchen mit Grill für Barbecue-Partys, zu denen auch Ehefrau und Geliebte Zutritt haben. Dagegen mußten sich in einem bekannt gewordenen Extremfall 29 Gefangene eine Viererzelle teilen. Die »Luxussuiten« (mit Kraftraum, Kühlschrank und King-Size-Bett) befinden sich in der Regel ausgerechnet im sogenannten Hochsicherheitstrakt der Gefängnisse, wohin auch anstandslos per Funktelefon bestellte Pizzas geliefert werden oder wo eine *mariachi*-Kapelle zum Geburtstag aufspielt.

Wie weit die Korrumpierung der Behörde, die für Recht sorgen sollte, gediehen war, brachte der Fall des Generals Jesús Gutiérrez Rebollo ans Licht. Im November 1996 zum obersten Chef der mexikanischen Antidrogen-Behörde ernannt, befahl der General mehrere Operationen gegen das berüchtigte Kartell von Tijuana, angeführt von den Gebrüdern Arellano Félix. Die Arellano Félix galten bis zum Zeitpunkt, an dem eine

»Schönheitsoperation« die Herrschaft von Amado Carrillo Fuentes beendete, als dessen schärfste Konkurrenten. Der entscheidende Schlag – die Verhaftung der Drogenbosse von Tijuana – gelang zwar nicht, doch der Applaus der US-Behörden war General Gutiérrez Rebollo und der mexikanischen Regierung für ihren »mutigen« Einsatz gegen die ganz Großen im Geschäft gewiß.

Aber schon im Februar 1997 – Gutiérrez Rebollo war seit drei Monaten im Amt – machte sich Ernüchterung breit. Dem General wurde nachgewiesen, daß er zusammen mit einer Geliebten eine Wohnung in Mexiko-Stadt bewohnte, deren Miete von der Drogenmafia bezahlt wurde. Die in den Monaten zuvor geführten Schläge gegen die Gebrüder Arellano Félix hatten offenbar vor allem dem Zweck gedient, dem inoffiziellen Vorgesetzten des Generals, nämlich Amado Carrillo Fuentes persönlich, die Arbeit zu erleichtern. General Gutiérrez Rebollo wurde verhaftet, seine Drogenabwehr-Behörde wenig später aufgelöst.

Eine solche »Filz-Kultur« gedeiht natürlich nicht isoliert. Sie braucht einen Nährboden und nährt ihrerseits die Gesellschaft, auf deren Boden sie wächst. Die Klagen über Korruption, Filz und illegalen Handel sind alles andere als neu. Während der drei Jahrhunderte ihrer Macht hatten die Spanier versucht, ein Monopol aufrechtzuerhalten, das Mexiko jeden Handel mit Dritten verbot. Eine solch einschneidende Maßnahme provozierte Schmuggel und Korruption in extremem Maß. Man nimmt an, daß während des 17. und 18. Jahrhunderts ein Drittel der zwischen Spanien und der »Neuen Welt« gehandelten Waren auf Schmuggelpfaden ins Land beziehungsweise aus dem Land heraus fanden.

Die Unabhängigkeit 1821 veränderte nur die Vorzeichen jahrhundertealter Praktiken. Während des 19. Jahrhunderts versuchte der im Entstehen begriffene mexikanische Staat verzweifelt, zu Einnahmen zu kommen. Er fand die Quelle in Form horrender Einfuhrgebühren. Die Außenhandelszölle wurden zur wichtigsten staatlichen Geldquelle; sie lieferten zeitweise über die Hälfte der gesamten Staatseinnahmen. Die exorbitanten Einfuhrzölle, dazu die Importverbote, beförderten geradezu den illegalen Handel, an dem sich Engländer wie US-Amerikaner, Franzosen wie Deutsche rege beteiligten. Ganz geheuer war es dabei nicht jedem. Ein Dokument des preußischen Handelsarchivs von 1850 klagt über die Praktiken der Konkurrenz: *Das schlaffe, bequeme Wesen des Mexikaners ist nicht gemacht, der Kühnheit und dem Unternehmergeist amerikanischer Schleichhändler entgegenzutreten.*

Doch im allgemeinen herrschte wenig Bequemlichkeit, wenn es um Gewinnmaximierung ging. Einer der Großen im Geschäft, das in Mexiko niedergelassene englische Handelshaus *Barron, Forbes y Cía*, provozierte 1856 mit seinen unverschämten Bestechungen den diplomatischen Bruch Mexikos mit Großbritannien. Eine militärische Intervention der Briten ließ sich mit knapper Not abwenden, aber erst als der Handelsfirma, die praktisch das gesamte Hafenpersonal der Pazifikküste auf ihrer Sold- bzw. Bestechungsliste stehen hatte, volle Genugtuung zugestanden wurde.

Europäer wie US-Amerikaner machten sich einen Umstand zunutze, der auch in Mitteleuropa vor der

Französischen Revolution nur zu bekannt gewesen war. Staatsdiener waren damals auch in unseren Breiten nicht oder unzureichend besoldete Leute, die selber sehen mußten, wie sie sich und die Ihren durchbringen konnten. Der gut und regelmäßig besoldete Beamte deutschen Zuschnitts ist eine »Erfindung« des 19. Jahrhunderts. Von ihm konnte man als Gegenleistung für die soziale Sicherheit, die man ihm bot, verlangen, daß er ausschließlich dem Staatswohl verpflichtet handelte. Die mexikanischen Beamten des 19. Jahrhunderts – und in manchen Fällen auch die heutigen – sind dagegen Funktionäre, die ohne Zusatzeinnahmen zu ihrem mageren und unsicheren Lohn keine Familie ernähren könnten. Es wird bis heute von der mexikanischen Gesellschaft in gewissem Maße toleriert, daß die schlecht bezahlten Polizeibeamten ihr Einkommen aufbessern, indem sie einem Verkehrssünder ein – als Buße kaschiertes – Bestechungsgeld abnehmen, oder daß der Briefträger erst dann die Post regelmäßig bringt, wenn er weiß, daß er dafür regelmäßig ein Trinkgeld kassiert. Solche Deals sieht man als Abkommen an, von denen beide Seiten profitieren.

Auch die Berichterstattung von Fernsehen und Zeitungen ist bis auf Ausnahmen jüngeren Datums gekauft. Der Bericht über die offizielle Wahlkampagne wird dem – schlechtbezahlten – Journalisten mit einem »Kuvert« vergütet. Nur »uneinsichtigen« Reportern, die partout der Sache auf den Grund gehen wollen, geht es so wie Benjamín Flores: Sie werden mund- oder ganz tot gemacht.

Korruption ist in Mexiko derart verbreitet, daß es schwierig ist, das Phänomen als Delikt zu erfassen. An der Korruption beteiligen sich (fast) alle. Bei diesem letzten Satz streuen wir Asche auf unser Haupt: Wir selbst gehören dazu. Den (minimalen) Blechschaden hinten an unserem Auto hat uns die Versicherung nur deshalb nicht bezahlt, weil wir »korrekt« vorgingen: Wir hatten die Autonummer des fehlbaren Lenkers notiert, doch der Versicherungsagent – die Polizei läßt man sowieso besser aus dem Spiel – säuselte uns in gespielter Zerknirschung vor, der im offiziellen Verzeichnis aufgeführte Besitzer hätte sein Auto (samt Nummernschild) verkauft und sei nicht bereit, den Namen des Käufers preiszugeben. Wahrscheinlicher aber ist, daß ihm der Schuldige – im Gegensatz zu uns – Geld angeboten hat für die Handhabung des Falls in seinem Sinn.

Wir begriffen die Lektion. Als wir ein Jahr später erneut einen Blechschaden, diesmal vorne am Auto, selber verursachten, machten wir es wie alle Mexikaner: Wir wußten nicht, wie es passiert war. So war sichergestellt, daß die Versicherung – bis auf die Selbstbeteiligung – zahlte. Nicht nur das. Der Agent besah sich das beschädigte Fahrzeug gründlich, auch von hinten, wo inzwischen schon ziemlich Rost am zerbeulten Blech klebte. »Und das hier?« fragte er. Mitteleuropäisch korrekt winkten wir ab: Das sei von einer anderen Gelegenheit. Nach einer weiteren Runde um das beschädigte Objekt herum, blieb er wieder hinter dem Wagen stehen. »Warum schließen wir das nicht gleich mit ein?« fragte der *Agent*. Eine gute Ausrede erstickte unser aufkeimendes, gut erzogenes Gewissen: Der Schaden hinten am Wagen wäre ja *tatsächlich* ein Fall für die

Versicherung gewesen; bloß hatte sich diese beziehungsweise deren Agent damals aus der Verantwortung gestohlen.

Leicht verlegen signalisierten wir Einverständnis. Worauf sich der Agent scheinbar ratlos am Kopf kratzte. Schließlich druckste er: »Dann müßte ich alle Formulare neu ausfüllen.« Wozu wir ihn, den Rest unserer Hemmungen ablegend, ermunterten. Der Agent zögerte noch immer. Es war offensichtlich, daß wir, seine ausländischen Klienten, einfach nicht genügend Übung hatten. Schließlich stellte er die Frage, die wir ihm eigentlich, in Form einer entsprechenden Geste, hätten ersparen sollen: »Und ich, was verdiene ich dabei?« Nachdem wir die Frage geklärt und die Summe bezahlt hatten, war der Rest nur noch Formsache.

Um Korruption zu ahnden, bräuchte es die gesellschaftliche Ächtung des Phänomens und in deren Gefolge entsprechende Gesetze. Doch die vorherrschende Meinung ist: Am Ursprung von Reichtum steht Macht. Und Macht erringt man, indem man sie kauft. Der ehemalige Dorfschullehrer, spätere Spitzenpolitiker und – gemäß der Zeitschrift *Forbes* – 1,3-fache Dollar-Milliardär Carlos Hank González brachte es auf die kürzeste Formel: »Ein Politiker, dem's schlecht geht, ist ein schlechter Politiker.« Sie werden schwerlich einen Mexikaner finden, der sich über diesen Satz entrüstet.

Die goldene Ära jener »Philosophie« war die Regierungszeit von Präsident José López Portillo, 1976–1982. Unter López Portillo »diente« auch der genannte Carlos Hank González als Stadtpräsident von Mexiko. Der

Spitzname »Professor« verlieh ihm, dem einfachen Oberschul-Absolventen, eine intellektuelle Aura, und diese vernebelte ein Stück weit die skrupellosen Geschäfte, die er sowohl als Stadtpräsident wie schon zuvor, unter anderem als Direktor der staatlichen Lebensmittelsubvention für die Armen, gemacht hatte.

Andere aber bereicherten sich noch offensichtlicher. Ein Jugendfreund von Präsident López Portillo, Alfredo Durazo Moreno, wurde vom des Drogenhandels bezichtigten Gerichtsbeamten zum Polizeichef von Mexiko-Stadt befördert. Wer ihm ein Geschäft streitig machte, den ließ er von einer Spezialeinheit umbringen. Wenn der »General« – wie Durazo Moreno sich gern anreden ließ – die Autobahn benutzen wollte, ließ er den betreffenden Abschnitt kurzerhand sperren, um ungestört zirkulieren zu können. Lieber noch reiste er im Helikopter, mit Landeplatz auf einem seiner zahlreichen privaten Grundstücke. Sogar eine Pferderennbahn besaß er ganz für sich allein. Die Diskrepanz zwischen der Funktion des »Generals« und seinen Einkünften war allerdings derart grotesk, daß er unter dem Präsidenten, der seinem Mentor folgte, kurzerhand verhaftet wurde.

Die Verhaftung sollte eine angebliche »moralische Erneuerung« zur Schau stellen. Doch es war bald klar, daß der Akt reine Alibifunktion hatte. Die meisten Hauptverdiener jener »goldenen Ära«, darunter Präsident López Portillo, gingen völlig straflos aus. Dabei war offensichtlich, daß gerade der es faustdick hinter den Ohren hatte. Einmal kaufte der Präsident für seine Geliebte eine Villa in Acapulco für die Kleinigkeit von zwei Millionen Dollar. Als seine Frau davon erfuhr, besetzte sie kurzerhand die Liegenschaft. López Portillo blieb nichts anderes übrig, als seiner Geliebten eine andere Villa zu kaufen. Zusätzlich ernannte er sie zur Ministerin für Tourismus. Seine Schwester kontrollierte als Direktorin des damals staatlichen Radio-, Fernseh- und Filminstituts einen Großteil der Information im Land, ein Cousin war stellvertretender Gesundheitsminister, ein Sohn stellvertretender Budgetminister. Der Witz ging um, es sei ein Wunder, daß der leidenschaftliche Reiter im Präsidentenamt nicht auch noch ein Pferd zum Minister machte.

Die schamlose Bereicherung öffentlicher Funktionäre war nicht zuletzt eine Folge des Ölbooms. In den siebziger Jahren hatten die Opec-Staaten dem Rest der Welt mit dem Zudrehen des Ölhahns gedroht. Mexiko sah sich als Nicht-Opec-Mitglied heiß umworben von den USA und Westeuropa. Geld – unter anderem die Riesengewinne der Scheichs aus dem Nahen Osten – floß in rauhen Mengen ins Land, wurde zum Teil investiert in oft unrealistische Ölförderungsprojekte, versickerte andererseits in der Korruption. Als die Entdeckung immenser zusätzlicher Ölvorräte im Land gemeldet wurde, die Mexiko zum Land mit den zweithöchsten Ölreserven der Welt machten, kannte das Geldausgeben keine Grenzen mehr. Der mexikanische Ökonom und Lyriker Gabriel Zaid hat ausgerechnet, daß López Portillo im Jahr 1981 *stündlich* über Ausgaben von 70 Millionen Dollar entschied. Korruption und Mißwirtschaft erreichten ein derartiges Ausmaß, daß die öffentliche Auslandsschuld, die beim Amtsantritt von López Portillo 26 Milliarden Dollar betragen hatte, in nur sechs Jahren auf 80 Milliarden anwuchs. Mexiko hatte mit einemmal die höchste Auslandsschuld aller Länder der Dritten Welt.

Nun wurde es den Mexikanern zuviel, und auch die

geduldigsten unter ihnen begannen, ihre Regierung als *bola de rateros*, als Diebesbande zu beschimpfen. Als 1985 noch ein schweres Erdbeben Mexiko-Stadt heimsuchte und rund 20000 Menschen das Leben kostete, stellte sich heraus, daß die meisten der eingestürzten Bauten vom Staat errichtet worden waren: Schulen, Siedlungen des sozialen Wohnungsbaus und Krankenhäuser. Beim *Hospital General*, dem medizinischen Zentrum der Armen, sah eine Krankenschwester, die gerade ihren Dienst antreten wollte, Babys in ihren Bettchen aus den Fenstern stürzen. Schuld an der Katastrophe war weniger das Erdbeben selbst, als die Korruption beim Bau der betreffenden Gebäude. Seit dem letzten schweren Erdbeben 1957 galten nämlich – je nach Untergrund – besondere Bauvorschriften. Je schlechter der Baugrund war, desto sorgfältiger mußten die Fundamente gebaut werden. Den Zusatzaufwand ersparte man sich in vielen Fällen – mit fatalen Folgen. Die Einsparungen steckten die beteiligten Funktionäre und Bauunternehmer in die eigene Tasche. Angesichts solch krimineller »Nachlässigkeiten« sank das Ansehen der staatlichen Autorität auf den Nullpunkt.

Doch selbst das international gesammelte Geld für die Erdbebenopfer war vor dem Zugriff gieriger Funktionäre nicht sicher. Das schweizerische Rote Kreuz zum Beispiel mißtraute mit gutem Grund der Verwaltung des von ihm gesammelten Geldes durch das mexikanische Rote Kreuz und schickte einen eigenen Geschäftsführer ins Land, der mit den Betroffenen neue Siedlungen planen sollte – im Prinzip ein Affront ersten Ranges. Der Schweizer Geschäftsführer erhielt mehr als eine anonyme Morddrohung, blieb aber hart. Schließlich baute er mit dem von ihm verwalteten Geld Siedlungen für ungefähr dreimal mehr Menschen als die mexikanische Schwesterorganisation mit der gleichen Summe.

Glauben Sie nun ja nicht, daß sich Europäer oder *gringos* grundsätzlich moralischer verhielten bei ihren Aktivitäten in Mexiko als die Einheimischen. Ein schlechtes Beispiel in eigener Sache haben wir Ihnen bereits geschildert. Daß der *U.S. Foreign Corrupt Practices Act* US-amerikanischen Firmen verbietet, im Ausland Bestechungsgelder zu bezahlen, ändert wenig an deren Praxis. Statt direkt wird einfach über Mittelsmänner bestochen. Wenn auch Geschäftsleute immer wieder über die herrschende Korruption klagen, bezahlen sie im konkreten Fall doch lieber die geforderte Summe, als in Kauf zu nehmen, daß sich der Gang ihrer Geschäfte verzögert.

Vieles läuft in Mexiko noch immer hinter den Kulissen, obwohl in den letzten Jahren einiges transparenter geworden ist. Immerhin hat die Privatisierungswelle Anfang der neunziger Jahre korrupten Politikern und Beamten ihre über Jahrzehnte wichtigsten Pfründe entzogen: die der Staatsunternehmen. Und zunehmend demokratischere Wahlen verwehren allzu eigennützigen Politikern den Weg an die Macht. Doch auch da, wo die Opposition regiert, gibt die während Jahrhunderten eingeübte Praxis häufig noch immer den Ton an.

Auf dem Gemeindebüro von Santiago Xalitzintla, das dem Vulkan Popocatépetl nächstgelegene Dorf, fragten wir einen Mann um eine kleine Auskunft. *¿Me da para el refresco?* – Zahlen Sie mir eine Limonade? – war seine Antwort. Ein Standardsatz im Munde vieler Mexikaner, vor allem vieler armer Kinder. Beim betreffenden Mann stellte sich allerdings heraus, daß er einer anderen Kategorie angehörte. Nach mehrmaligem Nachfragen ließ er erkennen, er sei der *comandante* – der Polizeichef des Dorfs. Als wir uns wenig später mit dem Gemeindeoberhaupt zum Interview trafen, kam auch der erst einmal aufs Geld zu sprechen, in leicht verschlüsselter Form, Wörter benutzend wie *gratificar* (vergüten) und *rectificar* (berichtigen). Und auch er, der Gemeindepräsident, bat um Geld für Limonade. Uns wunderte die Haltung der Gemeindeverwaltung an sich wenig, sie war geradezu klassisch. Als Vertreter der ausländischen Presse verfügten wir in seinen Augen automatisch über Geld im Überfluß. Das Pikante an der Sache war nur, daß die Gemeinderegierung der PRD (Partei der demokratischen Revolution) angehörte, einer der beiden bedeutenden Oppositionsparteien, welche seit Jahren Korruption und Mißwirtschaft der Herrschenden anprangert.

Die Gemeindeoberen rechtfertigen ihre Haltung damit, daß ihnen die Provinzregierung (in der Hand ihres politischen Gegners) die ihnen zustehenden Steuereinnahmen nicht ausbezahle. Ob das stimmt? *¿Quién sabe?* pflegt man in Mexiko bei solchen (häufigen) Gelegenheiten zu sagen: Wer weiß? Und man setzt bei dieser rhetorischen Frage eigentlich voraus, daß niemand etwas Genaues weiß.

Korruption ist nicht die isolierte Aktion, während der ein kleines oder größeres Handgeld den Besitzer wechselt, um größeren Aufwand und Kosten zu umgehen. Korruption ist das *System*, das sich auf dieser Grundlage herausbildet: mit schlecht bezahlten Beamten, aufgeblähter Bürokratie und ineffizienter Wirtschaft. Und wie sich ein solches System nicht von einem Tag auf den anderen bildet, verschwindet es auch nicht von heute auf morgen. Im konkreten Fall der Gemeindebehörde von Santiago Xalitzintla behalfen wir uns mit einer kleinen als »Spesen« deklarierten Zuwendung. Die Spanier haben das Problem, wie solche und ähnliche »Aufwandentschädigungen« zu nennen seien, schon vor Jahrhunderten gelöst, ein für allemal. Sie prägten dafür den Begriff: *unto de México* – Mexikanische Salbe.

Auf der Suche nach den Ureinwohnern
Mexiko für Winnetous

Auf dem staubigen Dorfplatz von Ocosingo am Rand des Lakandonenurwalds in Chiapas schmoren Leichen in der Sonne. Unordentlich verstreut liegen sie, schon tagelang, alles Indios. Die Szenerie könnte aus einem der Tausenden von Wildwestfilmen stammen, außer daß diese Indianer keinen Federschmuck in den Haaren tragen, keine ledernen Hosen mit Fransen, keine Pfeile und Beile in den Händen halten und – daß sie richtig tot sind. Sie sehen aus wie Bauern in Mexiko eben aussehen, klein und mager, wenig heroisch. In den Händen halten die einen Holzstöcke oder alte, mit Schuhcreme geschwärzte Holzflinten, die andern automatische deutsche G3-Gewehre der Firma Heckler & Koch. Indianische Soldaten die einen: im Dienst der mexikanischen Armee; indianische Guerilleros die andern: Mitglieder der Zapatistischen Befreiungsarmee, die Gesichter bedeckt mit roten Tüchern oder den schwarzen Skifahrermützen, die nur die Augen freilassen, gebrochene Augen.

Die unendliche Geschichte der Indios Amerikas ist eine der traurigsten der Welt. Was im Januar 1994 in Ocosingo geschah, ist nur eine Episode aus ihrem jahrhundertelangen Dasein als Störfaktoren, als Outcasts der neuen hispanischen Gesellschaft. Und auch eine neue

Variante. Bisher galt: Indianer wehren sich nicht, jedenfalls schon lange nicht mehr. Seit der Eroberung haben sie ihren Anspruch auf einen Platz in der Welt verloren und sind zu einem exotischen, mißverstandenen, belächelten und bis heute ausgebeuteten Fremdkörper in der Gesellschaft geworden. »Indio« ist in Lateinamerika ein verbreitetes Schimpfwort, gleichbedeutend mit Esel, Idiot, Trottel.

Die Unterdrückung während Jahrhunderten (die Indianer durften lange Zeit ihre Sprache nicht sprechen, ihre Bräuche nicht pflegen), die Krankheiten (neben Masern und Pocken brachten die Europäer auch die »typische« Tropenkrankheit Malaria nach Amerika, im Austausch gegen Syphilis notabene) und die scharfen Schnäpse der Spanier verwandelten die einstigen Königsvölker des Kontinents in verschreckte und vereinzelte Außenseiter, denen lediglich in den unwirtlichsten Gegenden, in Gebirgen, Urwäldern, Wüsten, eine Überlebenschance blieb. Zwar metzelten die Spanier die indianischen Völker nicht bis auf ein paar spärliche Reste nieder wie ihre angelsächsischen Nachbarn in Nordamerika. Sie verdammten sie jedoch zur langsamen, siechenden Auflösung. (Erst vor zehn Jahren wurde ein letztes Indiovolk entdeckt, die Nukak Maku in den Wäldern Kolumbiens. In weniger als fünf Jahren ist die Hälfte des Stammes neuen Krankheiten zum Opfer gefallen.)

Ein Drittel aller Indianer Amerikas lebten in Mexiko. Nach Schätzungen machen sie um die zehn Millionen aus, gerade noch zehn Prozent der mexikanischen Gesamtbevölkerung. Alle diese Schätzungen sind vage und variieren stark. Was ist das denn, ein Indio? Und wann hört jemand auf, ein Indio zu sein? Wenn er in die Großstadt, gar in die USA zieht? Wenn er seine Sprache nicht mehr oder nur noch im Heimatdorf, in der Familie spricht? Wenn er seine Tracht gegen die Tracht der westlichen Zivilisation vertauscht, keine *artesanía* (Kunsthandwerk) mehr herstellt und in der Fabrik arbeiten geht? Wenn er in großstädtischen Kundgebungen auf seine Rechte pocht? Wenn er seine Bräuche während folkloristischer Anlässe vor Touristen feiert? Oder seine Herkunft leugnet?

»Unberührte«, »echte« Indianer gibt es in Mexiko längst nicht mehr. Es gibt verschiedene, sehr zurückgezogene Stämme wie die Tarahumara oder die Huicholes im Norden, aber selbst diese »malerischen« Völker, die jedes Indianerherz in der Touristenbrust höher schlagen lassen, stehen mit beiden Beinen in der modernen Welt. Mit einer medienwirksamen Aktion machten beispielsweise die scheuen Tarahumara auf ihr hartes Leben und ihren Hunger aufmerksam und veranstalteten anläßlich der Olympiade 1996 einen Stafettenlauf aus der Sierra von Chihuahua ins Olympiastadion von Atlanta in den USA. Auch die Huicholes mit ihren Schamanen, die reiferen Semester unter den Lesern aus den Bestsellern des Carlos Castañeda bekannt sein dürften, feiern längst kein Peyotl-Fest mehr, ohne daß nicht im Hintergrund eine Schar Anthropologen oder Journalisten sehr teilnehmend die Wirkung des halluzinogenen Kaktusses beobachten.

Obwohl die Indianer nur noch eine Minderheit sind im Land, ist Mexiko bis zum heutigen Tag durchdrungen von Indianischem. Kein Schicksal, kein spiritueller Akt, keine Festlichkeit, kein Gericht, kein Markt, der nicht indianisch geprägt wäre. Man kann Mexiko nicht verstehen, ohne das indianische Element in der Gesellschaft, das bis heute mehr oder weniger aus dem kollektiven Bewußtsein verdrängt wird, zu würdigen. Aber was ist das, »indianisch«? Verallgemeinerungen sind angesichts der Vielfalt schwierig. Lassen Sie uns anhand von ein paar Beispielen erzählen.

Die Piste entlang dem Río Jataté ist mehr seifige Furche als Fahrstraße. Rechts und links ziehen die dunkelgrünen Wände des Regenwaldes an uns vorüber, immer wieder unterbrochen von klaffenden Lichtungen. Was die internationalen Holzhandelsfirmen und die staatliche Ölgesellschaft Pemex noch nicht ruiniert haben, holen jetzt die Indios nach. Die schwarz verkohlten Strünke der Urwaldriesen rauchen wochenlang, als täten sie sich schwer, die Jahrhunderte ihres Lebens auszuhauchen. Daneben ragen Maisstauden trotzig in die feuchte Luft, pro Quadratmeter eine einzige. An den Berghängen bleckt weißer Fels; in wenigen Jahren wird er sich überall durch die ungeschützte Erde gefressen haben. Dazu das hysterische Kreischen der Motorsägen, das alles übertönt, pausenlos und schmerzhaft wie Zahnbohrer. Hin und wieder kommen wir an Dörfern vorbei: eine Handvoll Mahagoni- und Bambushütten, Hühner, Schweine, nackte Kinder mit dicken Bäuchen. Die Indios, die hier leben, gehören nicht hierher. In der *selva* von Chiapas, nahe der guatemaltekischen Grenze, wohnten die uralten Lakandonen – Nachfahren der Maya –, die ihren Lebensraum seit Jahrtausenden zu nutzen und zu pflegen wußten. Sie sind in den letzten Jahrzehnten auf ein Häufchen von nicht mal zweihundert Mitgliedern zusammengeschrumpft. Die jetzigen Bewohner, hauptsächlich Tzeltalen und Tzotzilen, sind ursprünglich Hochlandindianer. Ein Jahrhunderte dauernder Exodus hat sie von ihren ertragreichen Böden weggetrieben, bis sie schließlich in den feuchten, schwierigen Urwaldgebieten landeten. Sie kamen mit den Straßen, die die staatliche Ölfirma baute. Diese unterhält die Straßen so lange, wie sich die Ölförderung in einer Gegend lohnt, was immer weniger der Fall ist. Bald wird Pemex, wie schon so viele andere Gebiete, die Gegend am Río Jatatè verlassen, und die Straße wird in der ersten Regenzeit wieder verschwinden. Die Tzeltalen und Tzotzilen werden erneut weiterziehen. Der Urwald wird nicht wiederkommen.

Wir schlingern über die lehmige Fahrspur bis zu einer Lücke in der grünen Wand, in der eine Hängebrücke zu sehen ist. Auf der andern Seite des Flusses liegt Dolores las Palmas. In diesem Tzeltalendorf arbeitet gerade ein befreundeter Ingenieur, den wir besuchen wollen. Man empfängt uns höflich, neugierig, mißtrauisch, will unseren *permiso*, einen Stempel oder ein offizielles Papier sehen, das uns erlaubt, das Dorf zu besuchen. Wir haben nichts dergleichen, es handelt sich lediglich um einen Freundesbesuch. Man verfrachtet uns ins leere »Schulhaus«, läßt uns nicht aus den Augen und schickt nach dem Dorfoberhaupt. Der dreißigjährige *alcalde*, der Bürgermeister, erklärt uns dann förmlich, daß es ihn freue, daß wir sein Dorf besuchten, daß er jedoch eine *junta*, eine Gemeindeversammlung einberufen müsse, auf der entschieden werde, ob wir bleiben könnten oder nicht. Er erteile uns jedoch die Erlaubnis, unseren Freund zu treffen. Alfonso hat von der Regierung den Auftrag, zusammen mit der Bevölkerung abgeschiedener Dörfer im Lakandonenurwald winzige Flußkraftwerke einzurichten. Sie sind gerade groß genug, ein Kühlaggregat zu speisen, damit verderbliche Ware länger frisch bleibt und auf dem Markt besser verkauft werden kann. Die Dorfbevölkerung mußte das Projekt selber lancieren und muß es auch selber unterhalten; sie erhält nur gerade so viel Unterstützung, wie sie Eigeninitiative aufbringt. Man hat aus unzähligen Flops gelernt. Jedes Dorf besitzt beispielsweise ein sogenanntes Gesundheitszentrum, eine Hütte, in der von Schlangenseren über Desinfektionsmittel, Antibiotika und Zucker-/Salzlösungen für Babys mit chronischem Durchfall alles vorhanden wäre, was das Kranksein im Urwald etwas weniger dramatisch gestalten könnte. Ein Dorfbewohner ist in die Geheimnisse der allopathischen Medizin eingeweiht worden. Aber die Hütte vergammelt, die Mittel werden kaum benutzt. Die Lebenserwartung in der Gegend bleibt um die vierzig Jahre (wir gehören – ein seltsames Erlebnis – zu den Ältesten).

Schließlich läßt man uns mitteilen, daß wir eingeladen seien, zwei Nächte im Dorf zu verbringen, danach müßten wir das Gemeindegebiet verlassen. Wir sind nicht allzu überrascht, wundern uns aber doch über das Ausmaß des Mißtrauens, das man uns entgegenbringt. In den Dörfern am Río Jatatė (wo B. Traven, der Schöpfer des »Schatzes der Sierra Madre« und der »Rebellion der Gehenkten«, seine Asche ausstreuen ließ) erheben sich ein paar Monate später die Indios als Zapatistische Befreiungsarmee. Wir kriegten eine Ahnung, wie vertrackt das Problem um die Indios ist. Wie wenig es letztlich um kurzlebige materielle Lösungen geht, sondern wieviel mehr darum, die jahrhundertelangen schlechten Erfahrungen zu kompensieren, dem abgrundtief sitzenden Mißtrauen Rechnung zu tragen und eine eigene, selber bestimmte Entwicklung zu unterstützen. Denn überall spürt man das indianische Credo: *Alles*, was von außen kommt, wird uns grundsätzlich schaden.

Die letzten Indianervölker gehören zu den absolut Ärmsten der Erde. Sie sprechen allein in Mexiko noch über fünfzig Sprachen, die untereinander so verschieden sind wie das Deutsche und das Chinesische. Manchmal können sich nicht mal benachbarte Dörfer sprachlich miteinander verständigen. Kaum ein Volk ist noch an dem Ort, an dem es vor fünfhundert Jahren gelebt hat. Die meisten dieser Indiogemeinschaften sind daher weitgehend isoliert. Ihre Geschichte hat sie gelehrt, niemandem außerhalb des engsten Kreises zu trauen, sich abzuschotten, sich nicht zu rühren, keinen noch so kleinen Reichtum zu erwirtschaften, keine Überschüsse zu produzieren, da dies lediglich Profiteure anlockt, die ihnen alles wieder wegnehmen. Dieses Verhalten führte in einen Teufelskreis. Auf der einen Seite befinden sich die meisten Indios heute am Rand der Existenz, sind unterernährt, haben eine hohe Kindersterblichkeitsrate und eine Lebenserwartung wie Europa vor zweihundert Jahren. Sie haben, vor allem die in den Zuwanderervierteln, den Slumgebieten an den Rändern der Großstädte, oft keinen Zugang zu Sozialversicherungen, Schulbildung oder Unterstützungsgeldern, besitzen kaum und höchstens schlechtes Land, sind in den Dörfern den *caciques* ausgeliefert, ausbeuterischen »Dorfhäuptlingen«, die ihre Pfründe mit korrupten Beamten der Regierung teilen. So bilden sie ein gefundenes Fressen für die schlauen Geier verschiedener nordamerikanischer Sekten, die ihre »Heilslehren« mit zunehmendem Erfolg in den armen Regionen Lateinamerikas ausbreiten. Auf der anderen Seite erschweren sie so die Hilfe von außen, mißtrauen auch sinnvollen Projekten und verharren in der pessimistischen, autistischen Haltung der altgedienten Opfer.

Seit der Eroberung oder sogar seit vorspanischen Zeiten ist der Indianer besiegt, unterwürfig, gleichgültig gegenüber Gut und Böse, ohne Bewußtsein, mit einer Seele, die zu einem rudimentären Körnchen geschrumpft ist, unfähig sogar zur Hoffnung. Nach dem zu urteilen, was wir heute sehen, hat der Indianer seit Jahrhunderten keinen Schritt nach vorn gemacht. Die indianische Masse – ohne Idealismus, Hoffnung oder Ehrgeiz, ohne jeden Stolz auf ihre Rasse, überwältigt von tödlicher und aufreizender Fügsamkeit – ist eine Last und eine Bürde für Mexiko.

Der »revolutionäre« Dichter Martin Luis Guzmán verbreitete 1915 dieses vielsagende Urteil, während gleichzeitig Emiliano Zapata, maßgeblich unterstützt von den Indios, eine große Bauernrebellion anführte. Heute sagt das Pamphlet mehr über den Autor und seinesgleichen – jene Schar Künstler und Intellektueller, alle mehr oder weniger im gleichen fortschrittsgläubigen Aufbruchstaumel – als über die Indios. Die gleichen Träumer idealisierten in ihren Werken die Bilderbuchvorfahren der *indígenas* – muskulöse Prinzen und hartbusige Prinzessinnen, groß, edel und unerschrocken und etwa so lebensnah wie Superman und Barbie. Sie entfremdeten damit die Indios ihren Vorfahren eher, als daß sie sie ihnen näherbrachten: Mit Supermenschen hatten sie herzlich wenig zu tun. Um so mehr die ruhmbeflissenen Mestizen. Diese reklamierten – sozusagen als Ersatz für die wenig ehrenvollen spanischen Väter – die »edlen Wilden« als Vorfahren für sich. Bis heute lebt die Mehrheit der Mexikaner in einem fatalen und zynischen Paradox: Sie verklären die indianischen Urahnen, wollen jedoch von deren lebenden Nachkommen nichts wissen. Sie ignorieren die Indianer zu Tode.

Nach der Revolution nahm sich zwar der Staat der Indio-Problematik an und berief 1940 den ersten interamerikanischen Indianerkongreß in Pátzcuaro im Westen Mexikos ein. Dessen Lösungsmodell – eine totale Assimilation, also das Verschwinden der Andersartigkeit – schlug völlig fehl. Erst in den sechziger Jahren, unter populistischen Präsidenten wie Luis Echeverría und José López Portillo, wurde eine neue Tonart angeschlagen, die statt der Assimilation »Teilnahme« propagierte. Dabei wurde das Verbot der Indiodialekte endlich aufgehoben und fortan in den *indígena*-Dörfern zweisprachig unterrichtet, allerdings von meist staatstreuen, ortsfremden Lehrern. Zusätzlich wurden sogenannte »Indio-Räte« gebildet, die Sprachrohre der indigenen Bevölkerung sein sollten. Sie standen jedoch, wie die Lehrer, unter der Fuchtel der korrupten Staatspartei und verkamen schon bald zu militanten Kontrollorganen. Ende der siebziger Jahre entstanden in den Dörfern immer mehr unabhängige Indio-Organisationen, die sich gegen Übervorteilung und Repressalien, gegen Landdiebstahl und Kazikenwirtschaft auflehnten. Sie wurden vom Staat (meistens via Militär, das wiederum billige und willige – ortsfremde – Indio-Söldner anheuerte) immer massiver und blutiger unterdrückt. Die schwere Wirtschaftskrise in den achtziger Jahren tat dann das Ihrige und verdammte die Indianer einmal mehr auf die Stehplätze außerhalb des gesellschaftlichen Zauns.

Der Aufstand der Zapatisten in Chiapas im Januar 1994 bedeutete vielleicht eine Wende. Zum erstenmal in der neueren Geschichte organisierten sich Indio-Gruppen verschiedener Ethnien gemeinsam und bereiteten ihren »Auftritt« jahrelang, professionell und minuziös vor. Sie rüsteten zum Medienereignis, sie kannten die Macht der rasend schnellen Kommunikationsmittel und nutzten sie. Die großen aufständischen Bewegungen der Maya im angrenzenden Guatemala und deren Erfahrungen mochten einen starken Einfluß gehabt haben. Sicherlich trugen die guten Verbindungen zur katholischen Kirche, die die Indios traditionellerweise unterstützt und in Bischof Samuel Ruiz einen charismatischen Sprecher hatte, dazu bei, daß die Rebellion von der Regierung nicht gleich im Keim erstickt wurde. Samuel Ruiz ist ein würdiger Nachfolger des ersten Bischofs der Befreiungstheologie in Chiapas, Bartolomé de las Casas, der den Indios zur Zeit der Eroberung unter anderem dazu verhalf, sich »Menschen« nennen zu dürfen. Ein entscheidender Faktor war zudem das Überraschungsmoment: Niemand erwartete von den unterwürfigen, oft lethargischen Indios einen derart professionellen »Coup«. Über den *Subcomandante* Marcos, der zur Symbolfigur wurde und zum Sprachrohr der »friedlichen Anti-Guerilla«, wie sie sich selber gerne nennt, machte bald eine Anekdote die Runde: Als die Guerillas während des Kampfes um San Cristóbal de las Casas einer Gruppe von Touristen gegenüberstanden, die nicht einsehen wollten, daß man ihren klimatisierten

Bus nicht zu den Maya-Ruinen von Palenque weiterfahren ließ, sagte Marcos zu den erbosten Gringos: »Sie können nicht nach Palenque. Wir haben Ocosingo [das am Weg liegt] besetzt. Entschuldigen Sie die Unannehmlichkeiten, aber dies ist eine Revolution!«

Die mediogene Figur des Marcos ist eine Art Robin Hood der Indios – maskiert, aus einer nicht-indianischen Elite stammend, eloquent und mit Internet ausgerüstet. Mit seiner Pfeife, den humorvollen Sprüchen, dem »Don Quixote« von Cervantes im Rucksack und guten Umgangsformen empfängt er beispielsweise die Gattin des französischen Ex-Präsidenten, Danielle Mitterrand, im Urwald und begeistert sie für die Sache der Zapatisten. In unzähligen Interviews und Statements vor der Weltpresse, in Urwaldsymposien, zu denen die Intellektuellen aus aller Welt herbeieilen, erklärt der maskierte Marcos die Hauptanliegen der Zapatistischen Befreiungsfront: Sie seien ein Organ des *pueblo mexicano*, des einfachen mexikanischen Volkes, und die erste postkommunistische Guerilla. Ihr Ziel sei der friedliche Kampf *gegen die diskriminierende Vereinheitlichung des Neoliberalismus und ein Kampf für Arbeit, Grund und Boden, ein Dach über dem Kopf, ausreichende Ernährung, Gesundheit, Unabhängigkeit, Freiheit, Demokratie, Gerechtigkeit und Frieden.* Die rebellische Front, in deren Reihen von der 116jährigen *abuela* Herminia bis zum vierzehnjährigen, in Ocosingo gefallenen Raúl López Männer und Frauen, Junge und Alte zusammenstehen, habe zum Ziel nicht die Macht als solche, sondern die Erfüllung ihrer Forderungen für eine bessere Welt. »Die Welt, die wir uns wünschen, ist eine Welt, in der viele Welten Platz haben«, sagt Marcos.

Leider forderte auch die »friedliche« Rebellion der Zapatisten ihren blutigen Preis: 150 Tote, Hunderte von Verletzten und über 25000 Flüchtlinge, alles Indios. Und die Errungenschaften sind bisher spärlich. Daß sich die Indios nicht einfach assimilieren lassen, wie es viele Regierungsprogramme vor allem in diesem Jahrhundert erhofft hatten, daß ihre einzige Überlebenschance darin besteht, daß man ihnen ihre Eigenarten läßt und ihnen Boden und Ressourcen zur Verfügung stellt, die ein menschenwürdiges Überleben gestatten, haben inzwischen von den obersten Regierungsetagen über die Weltbank bis zu den Hilfsorganisationen alle theoretisch eingesehen. Der Weg zu einer Verbesserung der Lebensumstände ist allerdings noch sehr weit. Die mexikanische Regierung stellt sich den Zapatisten gegenüber immer wieder taub und stumm, eine Taktik, die eine auf Echo angewiesene Guerilla, deren Hauptstrategie der mediengerechte Dialog ist, auszutrocknen droht. Vielleicht ist trotzdem mit den vielen Gesprächen und Diskussionen im Urwald ein Weg zu einem besseren *Verständnis* der rätselhaft verschrobenen Urbevölkerung eingeschlagen worden, findet zum erstenmal tatsächlich ein Dialog statt. Eine Lösung des Indio-Problems ist jedoch bisher nicht in Sicht. Und es scheint fraglich, ob für langsame Bewußtseinsprozesse auf beiden Seiten, die das Absterben oder Verschwinden der letzten Indianervölker verhindern könnten, die Zeit ausreicht.

Stundenlang waren wir auf unserer Rückreise aus dem Lakandonenurwald von Chiapas keiner Menschenseele begegnet. Gegen Mittag tauchten vor uns zwei Gestalten auf, eine junge Frau, barfuß, und ein junger Mann in

Sandalen, Tzeltal-Indianer, fast noch Kinder. Die Frau trägt ein Bündel. Der Mann spricht sehr gebrochen Spanisch. Sie folgen der Einladung und steigen zu uns in den Wagen. Sie wirken erschöpft und verängstigt, sind seit über zehn Stunden zu Fuß unterwegs. Im Bündel liegt ein winziger Säugling, vertrocknet und verschrumpelt wie ein alter Apfel, er sei sieben Monate alt. Er trinke nicht mehr, habe seit Wochen Durchfall. Das Kind ist siedend heiß, ebenso die Frau, die nun weint. Sie zeigt ihre steinhart geschwollenen, entzündeten Brüste, sieht uns flehend an. Wir schlagen den beiden vor, nach Ocosingo mitzufahren, in ein Krankenhaus, zu einem Arzt. Das Kind brauche dringend Flüssigkeit, eine Infusion. Ocosingo? Arzt? Infusion? Der Mann scheint wenig zu verstehen, aber er nickt vage, fügt hinzu, daß ein Arzt »draußen« Geld koste, was sie nicht hätten. Wir versprechen ihnen, uns darum zu kümmern. Die Frau ist inzwischen in die äußerste Ecke der Sitzbank gerutscht, sie schüttelt während des ganzen Gesprächs unmerklich den Kopf. Als der Mann sie in Tzeltal anspricht, schüttelt sie den Kopf heftig. Die Frau wolle nicht zu einem Doktor in der Stadt. Die Frau wolle zu ihrem Onkel im nächsten Dorf, einem *huesero*, Knochenheiler. Die Frau habe Angst. Der junge Mann zuckt die Schultern. Bei der nächsten Siedlung müssen wir die beiden aussteigen lassen. Wir geben ihnen etwas Geld mit, was sie freut. Zwei Tage später hat sie der Fahrer auf dem Rückweg wieder getroffen – ohne Kind.

Umsonst bin ich geboren
umsonst bin ich hier
auf der Erde.

Ich leide,
aber wenigstens bin ich hier,
bin ich geboren
auf der Erde.

Das Nomadenvolk der Otomí, Vorfahren der Azteken, lebt heute in den kargen Steppen des Hochlandes. Ihre Dichter verfassen kurze, wunderschöne Gedichte, die an japanische Haikus erinnern.

Meine Blumen werden nicht brechen,
meine Stimme wird nicht brechen:
ich erhebe sie.

Die Sprache ist das wertvollste Gut der Otomí, ihre Poesie der größte Schatz. Niemand konnte sie ihnen wegnehmen. Wie die Otomí ihr ganzes Vermögen in ihre Gesänge legen, verwandeln alle mexikanischen Indianer die Dinge des Alltags in kleine, perfekt geformte Zeichen, Huldigungen an das Leben und die Götter. Sie bauen keine großen Monumente mehr, sie nehmen nicht an Kunstausstellungen teil, aber was sie für das tägliche Leben verfertigen, ist von so großer Kunstfertigkeit, von einer so sicheren Ästhetik, als wären sie mit Stipendien an erlesenen Kunsthochschulen ausgebildet worden – oder eben gerade nicht. Pablo Neruda sagte einmal: »Die Hände der Mexikaner wie die der Chinesen sind unfähig, etwas Häßliches zu schaffen.« Die Mexikaner haben dies von den Indianern geerbt.

Die berühmte mexikanische *artesanía*, der das New Yorker Museum of Modern Art und die einmalige Sammlung Nelson Rockefellers die Reverenz erweisen, ermöglicht den Ärmsten, eine Identität zu bewahren, in Würde zu leben und sich auszudrücken. Es gibt kaum ein Material, das nicht zu kleinen Kunstwerken verarbeitet wird. Darin herrscht keine Hierarchie: Abfallprodukte und gemeinhin minderwertige Stoffe sind genauso beliebt wie Silber oder Edelsteine. Man findet duftende kleine Schachteln aus getrockneten Orangenschalen; elegante Kerzenständer aus Thunfischdosen; streng funktionale Lampen aus Altpapier; Wein- und andere Becher aus Altglas; Sandalen mit Sohlen aus gebrauchten Autoreifen; verblüffend bewegliche Spielzeugtiere aus Schaumgummiabfällen; ganze maßstabgetreue Barbie-Kleider- und Wohnträume aus 100% Naturmaterialien; Schmuck und Ornamente aus Kernen, Samen und Bohnen; Töpfereien aus schwarzer, roter und brauner Erde; Saucieren aus gegerbten Stierhoden; Instrumente aus Holz, Bambus, Stein, Muscheln und getrockneten Kürbissen; Dominosteine aus Knochen; Teppiche, Textilien aus gewobener Wolle und Baumwolle; Stickereien, Häkeleien, Klöppeleien; Geflochtenes aus Palmblättern, Sisal, Maisstroh; ganze dekorierte Kirchenfassaden aus Tausenden frischer Blumen, die in mit Reismehl gefüllten Strohkissen stecken und täglich bewässert werden, damit sie eine Festwoche lang halten; raffinierte Blumengebinde aus Wachs, die während einer heiligen Messe abgebrannt werden; Staubwedel aus Hunderten kleiner, bunter Federn; Schuhbürsten aus mit farbigen

Fäden zusammengebundenem Eselshaar; Tier- und Dämonenmasken aus Kürbis- und Kokosschalen; »Menschenhaut«-Kostüme für den Karneval aus zusammengenähtem Leder; Totenköpfe, Särge und Knöchelchen aus Zucker, Schokolade und Marzipan – wir könnten endlos fortfahren.

In den Augen der Indios lebt alles, ist alles von Geist erfüllt. Sie sind dem Leben und seinen Formen in Ehrfurcht verpflichtet; vielleicht wird deshalb fast alles, was sie berühren und verarbeiten, zu etwas Schönem. Eine Indiofrau würde auf dem Markt ihre kärgliche Ware niemals in achtlosen Haufen anbieten. Sie formt aus den wenigen Knoblauchbüscheln, den Kaktusfrüchten, den Bimssteinen verlockende Gebilde auf leuchtendem Stoffgrund. Dieser Geist spricht auch aus dem Rat, den eine Nahua-Mutter aus der Sierra von Puebla ihrer Tochter mit auf den Weg gab:

Wenn Du die Welt ansiehst, dann denk daran, daß alles Dich anschaut. Die Bäume schauen Dich an, und auch die Steine auf dem Weg. Die Augen der Sonne sind auf Dich gerichtet. Deshalb sollst Du Dich pflegen. Du sollst anmutig dahinschreiten, Dein Schritt soll sanft sein, damit er der Erde nicht weh tut. Halte den Kopf hoch und achte darauf, daß Dein Haar geordnet ist. Wenn Männer Dich anblicken, senke die Augen, aber krümme nie den Rücken, nicht einmal wenn Du alt bist. Wenn Du den Rücken krümmst, wirst Du schrumpfen und häßlich werden. Alles schaut Dich an. Deshalb achte auf die Erscheinung.

Einzelne Gemeinschaften kamen dank ihrer Sorgfalt und Gestaltungskraft zu einem gewissen Wohlstand, etwa ein paar Dörfer im armen Bundesstaat Guerrero, die das *papel amate*, das Bastpapier bemalen. Auf Papierbogen aus den Fasern des *amacuameh*, des Papierbaumes, einer Ficusart, werden üppige Szenen aus dem indianischen Dorfleben oder mythologische Vögel gemalt. Das ist alles andere als prähispanische Tradition, wie man vielleicht meinen könnte. Zwar wurden früher die heiligen Schriften und die Codices der spanischen Mönche auf *papel amate* gemalt, aber das ist lange her und war eigentlich vergessen. Ein listiger Kunstgewerbehändler deutscher Abstammung brachte die Idee in den fünfziger Jahren in die Dörfer um Xaltitla, die bisher Tongefäße bemalten. Der Händler hatte großen Bedarf an exportierbarer *artesanía*, und das Bastpapier bot ideale Voraussetzungen. In kürzester Zeit malten die Indiofamilien die Bilder mit Vollkommenheit. Heute sind besonders erlesene Zeichnungen in den Museen der ganzen Welt ausgestellt.

Der Erfolg birgt auch eine Gefahr, denn die Dörfer betreiben ausgesprochene Monokultur und sind sehr stark abhängig von den Launen des Souvenirmarktes. Die Kinder der besonders erfolgreichen Maler haben keinerlei Motivation mehr, ihre Zeit in den Dorfschulen zu vertrödeln. Sie lernen gerade mal, ihren Namen zu schreiben und Preise zu errechnen, und steigen ins Familiengeschäft ein.

Crisóforo, wie er sich nennt, ist sechzehn und Maler. Er ist berühmt für seinen sicheren Strich. Vier Tage lebt er im Haus seiner Familie in einem abgelegenen Dorf der Nahua-Indios in Guerrero, drei Tage bei seinem Bruder in der Großstadt Cuernavaca, sechs Busstunden vom Dorf entfernt, und verkauft auf dem *artesanía*-Markt die Bilder der Familie. Crisóforo sieht gut aus; er trägt Adidas-Turnschuhe, ein T-Shirt von Tommy Hilfiger, Levis-Jeans, eine Nike-Baseballmütze (alles teure Imitationsware) und eine japanische Uhr. Crisóforo ging nicht mal ein Jahr zu Schule, aber er errechnet blitzschnell Preise, Rabatte, Wechselkurse. Die Schule sei langweilig, das Malen und die Markttage machten ihm Spaß. Alle in der Familie malen, von der achtjährigen Schwester bis zur Großmutter. Die Bilder sind Gemeinschaftswerke, jeder hat seine Spezialität. Als wir Crisóforo in seinem Dorf besuchen, staunen wir über den verhältnismäßigen Wohlstand in diesem abgelegenen, alles andere als malerischen Winkel in den Bergen. Mehrstöckige Steinhäuser mit Blechdächern, betonierte Straßen und da und dort Parabolantennen. Crisóforo wohnt in einem Gemeinschaftshaus, in dem jedem Familienzweig ein großer Schlafraum zur Verfügung steht. Offene Veranden und der geräumige Hof, in dem sich auch die Kochstelle und der Kühlschrank befinden, bilden die Arbeitsräume. Bad oder Toilette gibt es nicht, die Bedürfnisse werden in halber Öffentlichkeit bei den Hühnern hinter dem Haus erledigt. Die Frauen tragen die Tracht der Nahuas, sind scheu und sprechen mit den Fremden kein Wort. Sie servieren mit niedergeschlagenen Augen bei der Ankunft sogleich kühle Cola und frische handgemachte Tortillas aus sehr hellem Mais, der Stolz der Familie. Die Männer sind gesprächig, erzählen von den guten Geschäften in der Stadt, wollen wissen, welchen Videorecorder wir ihnen empfehlen können, was er koste und ob wir der Familie einen beschaffen würden. Dann kommen wir auf die Probleme mit der Landwirtschaft zu sprechen. Es gebe zuwenig gutes Land. Die Arbeit sei sehr hart und die Erträge reichten nicht mal zum Überleben. Viele aus den

Dörfern zögen weg, blieben für immer in den Großstädten, wanderten gar in die USA aus. In ihrem Dorf sei es nicht so schlimm, weil sie durch die Malerei ein Auskommen hätten. Crisóforo will ein Mädchen aus der Gegend heiraten, er kann sich nicht vorstellen, jemals ganz aus dem Dorf wegzuziehen. Er will malen, wie es schon seine Eltern taten, will Kinder haben, damit auch sie das Malen lernen. Ein glückliches Indio-Dorf? Ein Indio-Dorf?

Vielleicht geht es den Indianern erst besser, wenn sie keine mehr sind. Das wäre traurig, denn Mexiko lebt von seiner Vielschichtigkeit. Bis heute ist Mexiko nicht nur *ein* Mexiko, sondern viele Mexikos. Darin liegt ein Großteil seiner Faszination, seines Mysteriums. Vielleicht – altes Schicksal der Menschheit – lernt die Mehrheit der Mestizen diesen Reichtum erst schätzen, wenn er verschwunden ist.

Ein Mekka für Machos?
Mexiko für Frauenfeinde

Dies ist ein trauriges Kapitel. Nicht ohne Lichtblicke, wie immer in Mexiko. Die Mexikaner haben den Macho erfunden, und sie sind heute noch stolz auf diese Errungenschaft. »Macho« zu sein ist alles andere als ein Schimpfwort. Für einen Mann ist dies nach wie vor eine der wichtigsten Tugenden, auf die Mütter und viele Ehefrauen stolz sind. *Muy macho* bedeutet, kräftig und entschlossen, unerschütterlich und unbeirrbar, aggressiv und sexuell potent zu sein; es bedeutet, sich von nichts und niemandem unterkriegen zu lassen – oder wenigstens so zu tun.

Die ersten Machos wurden aus der Not geboren. Als die ausgehungerten spanischen Männer, Eroberer höherer Gnaden, in der »Neuen« Welt über die indianischen Frauen herfielen, zeugten sie ein Volk, das bis heute nicht weiß, mit wem es sich identifizieren soll: mit dem unterlegenen, geschändeten Volk dieser Mütter oder mit den rücksichtslosen, meist abwesenden, aber siegreichen Vätern. Diese Mischlinge, Mestizen, gerieten zwischen Stuhl und Bank, oder eher zwischen Fauteuil und Fußabstreifer. Sie waren weder rechtlose Indios, die wenigstens ihre Überlieferungen, ihre Bräuche und ihre angestammte, wenn auch unterjochte Heimat hatten, noch gehörten sie zur Herrscherklasse der spanischen

Weißen. Sie waren nichts. Und sie lernten das zu verbergen, lernten, Misere und Minderwertigkeitsgefühl mit allen Mitteln zu kaschieren. Sie trugen Ehre und Integrität wenigstens äußerlich zur Schau und eigneten sich jene Attitüden an, die in ihren Augen zum Erfolg führen, zu Macht und Ansehen. Sie übten die Posen, die sie von den Siegern kannten, von den Vätern, die im übrigen wenig real waren. Mexikanische Männer sind äußerlich das potenzierte Klischee des spanischen Eroberers, innerlich oft melancholisch und voller Selbstzweifel: das Erbe der indianischen Mutter, die wohl eine Verbindung der ambivalenten Gefühle einging. Auf der einen Seite mochte sie den Eroberer bewundert haben, der mächtiger war als die mächtigsten Männer ihres Volkes und im Aussehen einem göttlichen Ideal entsprach, auf der anderen Seite verabscheute sie den Unterdrücker und Peiniger. Explosive, problematische Voraussetzungen.

Die meisten mexikanischen Paare funktionieren heute noch nach der kräfteraubenden inneren Topographie dieser ersten Mischehen. Den Frauen wird in ihrer Rolle als Dulderin, Bewunderin und gleichzeitig Trägerin der ganzen innerfamiliären Verantwortung mehr als ein Schwarzer Peter zugeschoben. Frauen haben, nicht nur in Lateinamerika, keine Geschichte, obwohl sie wohl immer eine zentrale Rolle spielten (und spielen). Es gibt in ganz Mexiko, im Land der Ehrenmäler und Büsten, kein einziges Denkmal einer Frau, jedenfalls haben wir keines gefunden. Sie haben in der Öffentlichkeit, in Politik und Kunst praktisch keine Funktion. Das ist in anderen Ländern auch nicht anders, aber dort immerhin ein

Punkt vermehrter Diskussionen und Anstrengungen. In Mexiko sind Frauen mit wenigen Ausnahmen kein Thema. Daß sie nicht in Erscheinung treten, gilt in dieser durch und durch männlich geprägten Welt nach wie vor als weitgehend selbstverständlich. In der Verfassung gestand man ihnen zwar bereits 1853 ein politisches Mitspracherecht zu, aber öffentlich haben sie bis heute nichts zu sagen. Auf dreißig heute regierende Gemeindeoberhäupter kommt statistisch nur eine Frau. Das bedeutet, daß pro Gemeinde gerade alle hundertachtzig Jahre eine Frau ein *sexenio*, das heißt sechs Jahre lang regieren darf. Octavio Paz, der Dinosaurier der mexikanischen Intelligenzia, Nobelpreisträger und Verfasser des vielzitierten Werks »*Das Labyrinth der Einsamkeit*«, zieht in ebendiesem Werk eine vielsagende Folgerung: *Die Frau ist ein abseits lebendes Geschöpf, ein rätselhaftes Wesen. Woran denkt sie, wenn sie überhaupt denkt? Ist sie unseresgleichen?* Und kommt zum Schluß, die Frau sei, neben *dem tiefen Geheimnis, das sich in ihrer vollen, runden Nacktheit äußert . . ., die Summe absoluter Ignoranz.*

Mehr als die Hälfte der mexikanischen Bevölkerung sind Frauen, und Frauen leben auch in Mexiko im Durchschnitt länger. Das »schwache« Geschlecht ist, wie überall auf der Welt, das stärkere. Das bestätigt sich bei näherem Hinschauen und kann einen geradezu wundern, wenn man die Bedingungen ansieht, unter denen sie zu leben haben:

- Jeder dritte Haushalt in Mexiko ist ein Haushalt ohne Mann; die Frauen ernähren und erziehen die Kinder allein. Auf dem Land ziehen sie durchschnittlich fünf Kinder groß, in städtischen Gebieten zwischen zwei und drei, wobei der Teufelskreis der Armut gilt: Wer sonst nichts hat, hat wenigstens viele Kinder. Die meisten dieser Frauenhaushalte sind weitaus ärmer als Familien mit einem Elternpaar.

- Ein Viertel der Neugeborenen stammt von Müttern im Alter von elf bis neunzehn Jahren. Die Hälfte dieser jungen Frauen bleibt nach der Geburt allein.
- Alleinstehende Frauen sind fast immer ausgenommen von Krankenkassen und Sozialversicherungen, da diese an feste Anstellungen und bessergestellte Berufe gekoppelt sind, die Frauen unter diesen Umständen kaum ausüben können. Als Folge davon haben weit über die Hälfte der Frauen auch im Pensionsalter keinerlei Zugang zu Renten und staatlichen Gesundheitsdiensten.
- Auch die Bildung geht häufig an den Frauen vorbei. Von drei mexikanischen Analphabeten sind zwei weiblich. Trotz intensiver staatlicher Alphabetisierungskampagnen können in ärmeren Gegenden ein Drittel der Frauen nach wie vor weder lesen noch schreiben, doppelt so viele wie Männer.
- Zum schwärzesten Kapitel, Mißhandlungen von Frauen (und Kindern), gibt es nur sehr wenig statistisches Material. Die Dunkelziffern dürften astronomisch hoch sein, da in Mexiko eine vergewaltigte Frau ihren guten Ruf verliert oder es als schlicht normal ansieht, daß sie mißhandelt wird. Überdies gilt männliche Gewalttätigkeit an Frauen als eine Art »Kavaliersdelikt« und wird kaum geahndet. Im neu eröffneten und noch wenig etablierten »Zentrum für die Opfer von Gewalt in der Familie« in Mexikos Hauptstadt suchten im ersten Jahr bereits 15000 Frauen Schutz: Das entspricht einer mittleren Kleinstadt mißhandelter Frauen.

• Ein kleines »Detail« noch zur Abrundung: Frauen erhalten, wenn sie ein Verbrechen begehen, für die gleichen Vergehen dreißig Prozent höhere Strafen als Männer.

Qué creen – mataron a Florencio! – Ihr werdet 's nicht glauben – die haben Florencio umgebracht! Ein paar Jungen rannten durchs Dorf San Juan und verkündeten die Nachricht an jeder Ecke. So erfuhr Rosario vom Tod ihres Vaters. Sie war damals acht Jahre alt.

Chayo, wie sie alle nennen, ist unsere Freundin, Nachbarin und Hausangestellte. Sie wohnt mit ihren beiden kleinen Jungen neben uns, häufig schläft auch ihr Mann da. Chayo erklärte uns in ihrer offenen, direkten Art, mit der sie manchmal aneckt, viele Geheimnisse des mexikanischen Alltags und erleichtert uns mit ihrer Treue und Zuverlässigkeit nur zu oft das Leben. (Ein Tip: Wenn Sie in Mexiko Auskünfte oder Hilfe brauchen, halten Sie sich an Frauen.) Die Geschichte Chayos und ihrer Mutter Juana steht hier stellvertretend für die tausend anderer mexikanischer Frauen.

Chayos Großeltern verließen ihre Scholle, *su tierra*, wie Millionen andere *campesinos* in diesem Jahrhundert, weil der Ertrag für den Lebensunterhalt nicht mehr ausreichte, und versuchten, als Hilfskräfte und Tagelöhner in städtischeren Gebieten ein Auskommen zu finden. Sie ließen sich in San Juan außerhalb Cuernavacas nieder. Als Chayos Vater Florencio neunzehn war, entführte er per Pferd Chayos Mutter, die damals knapp vierzehn und auf dem Weg zur Maismühle war. Juana hatte mit Florencio hin und wieder ein paar Worte gewechselt. Sie habe sich kaum gewehrt und damit ihr Einverständnis mit dem Raub signalisiert – sich wohl auf ein besseres Leben gefreut, denn der Vater schlug sie oft. Indem er die Braut raubte, statt beim Vater um die Hand anzuhalten, umging Florencio die Ablösesumme, die er sonst den Eltern hätte ausrichten müssen. Diese wiederum gaben der Tochter keine Mitgift, die der Braut einen gewissen materiellen Schutz gewährt hätte. Das war Anfang der siebziger Jahre. Florencio brachte Juana ins Haus seiner Eltern, wo sie ihre tägliche Tortilla mit harter Arbeit verdienen mußte. Später zogen sie in eine Hütte aus Lehmziegeln, die Florencio gebaut hatte. Kurz hintereinander kamen vier Kinder zur Welt, Chayo war das zweite. Die Mutter habe den Vater nicht geliebt. Aber sie habe ihm gedient, sie habe alles für ihn getan. Sie war schweigsam, eine gute Frau. Florencio war oft betrunken und verdrosch Juana und die Kinder. Wenn er nüchtern war, arbeitete er hart. Und er war ein Schürzenjäger, ein ortsbekannter *mujeriego*.

Ein paar Tage, bevor Florencio erstochen wurde, brachte Chayos Mutter ihr fünftes Kind zur Welt. Man verheimlichte der Wöchnerin den Tod des Mannes einen Monat lang. Die Söhne einer betrogenen Geliebten hatten Florencio in einer *cantina* umgebracht, als sich dieser im trunkenen Männerkreis mit seinen Abenteuern brüstete. Der Vorfall wurde nie gerichtlich untersucht: Ehrensache unter Machos. Als Juana die Wahrheit erfuhr, sei sie fast durchgedreht. Sie erinnere sich, daß ihre Mutter zweimal gedroht habe, sich und die Kinder umzubringen, erzählt Chayo. Die Familie des Vaters nahm der Mutter die Hütte weg, ihren einzigen Besitz, denn als Witwe ohne Trauschein hatte sie keinerlei Rechte auf das Eigentum des Gefährten. Man brachte Juana mit den fünf kleinen Kindern zu ihren Eltern zurück. Chayos Mutter war damals etwas über zwanzig. Nach neun Monaten Trauerzeit suchte man ihr einen Freund, einen viel älteren Mann, der sie finanziell unterstützen sollte. Bald wurde sie wieder schwanger, gebar ein schwer behindertes, mangelernährtes Kind. Der »Freund« wohnte nicht bei ihnen, er hatte noch eine andere – offizielle – Familie in einer anderen Stadt. Aber er gab der Mutter manchmal Geld oder kaufte den Kindern Schuhe. Chayo kriegte nie neue Schuhe von ihm, weil sie ihn nicht mochte und es ihm auch zeigte. Sie sprach nie mit ihm, und sie betrat das Haus nicht, schlief lieber auf der Straße, wenn »er« bei ihrer Mutter lag. Man vermittelte Chayos Mutter Arbeit auf einer Hazienda – und sie wurde wieder schwanger, diesmal vom Chef der Hazienda, als Gegenleistung fürs Putzen-Dürfen. Das war Anfang der achtziger Jahre. Erst vor kurzem hat Chayo die Wahrheit über ihren jüngsten Halbbruder erfahren.

Einmal wurde Chayo für vier Monate aufs Land gebracht. Es sei dies die schlimmste Zeit ihres Lebens gewesen. Niemand hatte ihr gesagt, warum man sie von der Mutter wegnahm und für wie lange. Später erfuhr sie, daß die Mutter sich ein Kind selber abgetrieben hatte und dabei fast verblutet war. Als sie sich erholt hatte, sammelte Juana ihre Kinder ein und suchte eine andere Arbeit. Chayo kam zurück in das Haus ihres Vaters, das man den Kindern nun zur Verfügung stellte. Ihre Mutter sah sie nur noch selten. Diese arbeitete in einer anderen Stadt und kam lediglich übers Wochenende nach Hause, wenn überhaupt. Die Kinder blieben allein. Chayo und ihre ältere Schwester kümmerten sich um die Kleinen.

Die große Schwester war zwölf, das Jüngste noch nicht mal zwei, Chayo knapp elf Jahre alt. Einsam habe sie sich oft gefühlt. Fast jeden Abend habe sie sich vor das Haus gesetzt und stundenlang in die Richtung geschaut, aus der die Mutter gekommen wäre – wenn sie gekommen wäre. Heute ist Chayo stolz darauf, daß sie trotz allem die Grundschule abschloß. Sie verdiente sich mit ihren elf Jahren das Schulgeld selber. Chayo ging gern zur Schule.

Sie wollte weiterstudieren, wollte einen Beruf erlernen. Man verbot es ihr: Sie solle arbeiten und die Mutter unterstützen oder sich einen Mann suchen. Eines Tages beschloß Chayo mit drei Freundinnen, aus San Juan wegzugehen. Sie verstand sich nicht gut mit der Mutter, den Tanten, der Großmutter, sie galt als frech, schwatzhaft, eigensinnig: keine gute Tochter. Mit knapp dreizehn Jahren verließ sie eines Nachts das Haus ihres toten Vaters und zog mit ihren Freundinnen zu einem Bekannten in die Stadt Cuernavaca. Schon bald fand sie vormittags Arbeit in einem Haushalt und besuchte nachmittags eine Fachschule für administrative Berufe. Zum erstenmal sei sie glücklich gewesen. Nach ein paar Monaten wurden die Mädchen von der Polizei zurück ins Dorf gebracht; man drohte ihnen mit Erziehungsheim – so ziemlich das Schlimmste, was einer jungen Frau in Mexiko blühen kann. Die Mutter schlug Chayo mit einem Gummischlauch grün und blau, sprach kein Wort mit ihr. Am nächsten Tag schien es ihr leid zu tun, und sie machte Chayo den Vorschlag, gemeinsam in die Stadt zu fahren, um für sie Schuhe zu kaufen. Chayo freute sich. Aber die Mutter brachte sie nicht in ein Schuhgeschäft, sondern zum Gynäkologen. Chayo wußte nicht, was das war. Bisher hatte sie niemand aufgeklärt, und sie war sehr schüchtern. Sie mochte es nicht mal, wenn ihre Schwester sie nackt sah. Sie verstand nicht, warum sie sich ausziehen mußte, vor diesem fremden Mann und der Mutter, und was dieser zwischen ihren Beinen suchte. Chayo weinte damals, und sie weint auch, als sie es viel später erzählt. Sie sei noch Jungfrau gewesen. Wenn der Arzt das Gegenteil konstatiert hätte, hätte man sie geschlagen, bis sie den Namen des Burschen verraten hätte, der ihr die Jungfräulichkeit raubte. Man hätte ihn gezwungen, sie zu heiraten. Sie aufgeklärt oder über Verhütungsmethoden gesprochen hat auch bei dieser »Gelegenheit« niemand. Im Gegenteil: Viele dieser Ärzte machen den Mädchen »unten etwas kaputt«, sagt Chayo. Wohl nicht nur da.

Sie arbeitete nun im Dorf und gab ihrer Mutter Geld. Die Brüder gingen kaum zur Schule, obwohl man es ihnen nicht verwehrte. Sie taugten wenig. Immer wieder bezahlte Chayo die Kaution, um sie aus dem Gefängnis zu holen, wo sie nach Besäufnissen und Schlägereien landeten. Oder sie kaufte fremden Mädchen Windeln für die Babys, die diese von ihren Brüdern bekamen. Der eine sei faul, der andere ein Schürzenjäger wie ihr Vater Florencio. Trinken tun sie alle.

Dann vermittelte ihr die Mutter eine Stelle in der Kantine einer Autofabrik. Chayo hatte Angst vor dieser Arbeit, weil es hieß, die Männer dort seien *perros*, Hunde, vor denen man sich in acht nehmen müsse. Sie hatte sofort viele heftige Verehrer, obwohl oder vielleicht gerade weil sie als stolz und widerspenstig galt. Zudem ist Chayo eine *güera*, sie hat eine helle Haut und ist hübsch. Eines Tages hatte sie genug: von der Mutter, der Familie, von allen, die immer nur etwas von ihr wollten. Vom anstrengenden Dasein als weibliches Freiwild. Sie entschied sich für Victor, mietete mit ihm in Cuernavaca ein Zimmerchen, wurde schwanger. Endlich hatte sie ein Zuhause, wenn auch eins ohne Bett, Tisch und Stuhl. Lange hielt auch diese Idylle nicht an: Victor verlor seine Arbeit, er war nicht zuverlässig. Chayo sah ihn bald nur noch selten. Als ihr erstes Kind zur Welt kam – sie fährt eines Nachts mit dem Bus mutterseelenallein und mit Wehen in eine Klinik –, hatte es Mangelerscheinungen, weil Chayo sich während der Schwangerschaft fast ausschließlich von Tortillas und Bohnen ernährt hatte. Aber sie hat gelernt im Leben. Sie ließ so lange nicht locker, bis die Ärzte ihr erklärten, was mit ihrem Kind nicht in Ordnung war, warum das so war und wie sie es auch ohne viel Geld gut ernähren konnte. Heute ist Raúl ein großer, aufgeweckter Junge, der sehr gerne zur Schule geht. Auch der kleine Sergio ist ein gesundes, zufriedenes Kind. Sie habe sich nach dem zweiten Kind ein Diaphragma einsetzen lassen (gegen den dringenden »Rat« des Arztes, der sie lieber – sie war zweiundzwanzig – gleich sterilisiert hätte). Mit Victor sprach sie nie über »so etwas«; Verhütung ist Frauensache, Sexualität auch unter Paaren kein Gesprächsthema. Kondome benutzen mexikanische Männer nach einer neuen Untersuchung äußerst selten, auch nicht mit Prostituierten. Der Staat klärt mittels einer obligatorischen Sitzung nur jene Paare auf, die sich standesamtlich verheiraten. In Mexiko ist das ein sehr kleiner Anteil; offiziell heiraten nur die Bessergestellten. Eine Aidsaufklärung existiert kaum.

Heute ist Chayo ein bißchen stolz auf sich. Auf ihre

beiden Söhne und die für mexikanische Verhältnisse solide Existenz, die sie sich ganz allein aufbaute, unabhängig von ihrem Mann und der Familie. Sie weiß, daß sie etwas kann, läßt sich von niemandem mehr dreinreden. *Mejor solita que mal acompañada* – besser allein als in schlechter Begleitung – ist ihr Leitspruch. Sie erzieht ihre Buben anders, als man es in ihrer Verwandtschaft für richtig hält. Sie sollen lernen zu arbeiten wie eine Frau, und sie sollen lernen, daß man es nur zu etwas bringt, wenn Frauen und Männer ein Team sind. Chayo ist jetzt oft zufrieden. Sie besucht eine Abendschule, will endlich einen Beruf erlernen. Und kauft sich ab und zu ein paar hübsche Schuhe. Nur noch selten beschleicht sie nachts der Wunsch, für immer vom Erdboden zu verschwinden.

Mexiko wäre nicht Mexiko, wenn nicht zur einen Wahrheit auch ihr genaues Gegenteil gehörte. Trotz oder gerade wegen ihres harten Daseins in der ungebrochenen Machogesellschaft gab es und gibt es in diesem Land viele auffallend starke, unabhängige Frauen. Einzelne, wie etwa die Künstlerin Frida Kahlo, über die inzwischen Dutzende mehr oder weniger sachliche Abhandlungen vorliegen, oder die ermordete US-mexikanische Sängerin Selena, erlangten im Ausland einen beinahe kultischen Ruhm, andere zumindest nationales Ansehen. Sor Juana Inés de la Cruz, unermüdlich hinterfragende Dichterin und eigensinnige Nonne, ist heute Schullektüre. Auch Irma Serrano, *die Tigerin*, kennt jeder. Wer zwischen die Hauer der Tigerin gerät, kommt nicht heil davon, zur Freude einer großen Öffentlichkeit. Die ehemalige Nackttänzerin, Ex-Geliebte eines Ex-Präsidenten und spätere Abgeordnete des rebellischen Gliedstaats Chiapas wurde berühmt, oft auch belächelt wegen ihrer unverblümten Statements in Parlament, Presse und Fernsehen. Sie schreibt sehr erfolgreiche Bücher, in der sie alles in die Pfanne haut, was männlich ist. Dalí erwies ihr Reverenz und bezeichnete sie als Surrealistin.

Es sind immer wieder Frauen, die auch im Alltag auf unspektakuläre Art für Recht und Ordnung sorgen. Schiere Notwendigkeit in einem Staat, in dem praktisch jeder Mann, egal in welcher Funktion, in irgendeiner Weise in Korruption und Machtspiele verwickelt ist. Im Bauerndorf Tlayacapan ist es zum Beispiel ein Häufchen kaum des Schreibens kundiger Kirchenpflegerinnen, die beträchtliche Risiken auf sich nehmen, um sich gegen die ortsmächtige Parteiobrigkeit zur Wehr zu setzen. Große Dollarsummen, die die UNESCO für die einzigartigen historischen Schätze des Ortes aussetzte, flossen still und bis auf ein paar Peso in die Säckel der Parteifunktionäre. Die Frauen gründeten einen offiziellen Selbsthilfeverein und begannen, als Gruppe einigermaßen geschützt, die Rechte und Ansprüche des Dorfes zu reklamieren – mit Erfolg.

Und es waren ein paar Kräutersammlerinnen in den Bergen von Oaxaca, die gegen eine scheinbar omnipotente staatliche Papierfirma unermüdlich Anzeige erstatteten, in den Wäldern Straßenbrücken zerstörten und damit dem Papierriesen, der jahrelang illegal enorme Waldungen abholzte, das Handwerk legten. Natürlich mögen das bescheidene Tropfen sein auf einem sehr heißen Stein. Um so eindrücklicher die Zivilcourage.

Es ist möglich, daß die Frauen auf dem amerikanischen Kontinent nicht von alters her ein Schattendasein führten. Eine Fülle mächtiger weiblicher Gottheiten bevölkerten beispielsweise den aztekischen Olymp; und der Ursprung der Erde und des Universums war ein Götter*paar*, Ometecuhtli und Omecihuatl, Herr und Herrin der *Dualität*, und nicht ein einsamer Gottvater. Auch Mutterschaft und Geburt wurden hoch geachtet, das weibliche Prinzip genauso verehrt wie das männliche. So war zum Beispiel die westliche Hälfte des Kosmos in der Vorstellung der Azteken weiblich, die östliche männlich. In diese weibliche Welt gelangten denn auch die Frauen, die bei einer Geburt oder im Kindbett starben und damit zu Göttinnen wurden.

Eine der wichtigsten unter den zahlreichen Gottheiten war die Fruchtbarkeitsgöttin Tonantzin, »Mütterchen von uns allen«, die in ganz Mittelamerika verehrt wurde. Die spanischen Kirchenmänner und Seeleneroberer machten sich diesen Umstand zunutze und setzten die Legende von der *Virgen de Guadalupe*, der Jungfrau mit den indianischen Zügen, in Umlauf, die dem frisch bekehrten Indio Juan Diego 1531 auf dem Hügel von Tepeyac erschienen sein soll. Just an der Stelle, wo früher ein Tempel der Tonantzin stand. Tonantzin hatte ansonsten wohl wenig gemein mit der demütigen, willenlosen Jungfrau Maria, zu der unsere stolze Himmelskönigin von mittelalterlichen Kirchenmännern degradiert worden war, und die, als Frau, in der christlichen Mythologie nicht mal als Mutter Gottes den Gottestitel erhält. Inzwischen ist die *Virgencita* die wichtigste, man könnte sagen die einzige christliche »Gottheit« geworden, die sich in den innersten Winkeln der unergründlichen mexikanischen Seele etabliert hatte. Weder die liberalen Regimes des 19. Jahrhunderts noch die Religionskämpfe der zwanziger Jahre dieses Jahrhunderts, die den Einfluß der Kirche auf ein Minimum beschränkten, konnten die Muttergöttin aus den mexikanischen Wohnstuben, den Hauseingängen, den Busbahnhöfen und Flughäfen, von Autorückspiegeln, Schlüsselanhängern und Packungen für Diabetikertees vertreiben. In neuester Zeit erlebt die *Virgen* gar einen ungeahnten Boom auf schwarzen übergroßen T-Shirts und wird von der sehr populären Popgruppe *El Tri* besungen, etwa im neuen Basilika-Tempel am alten Wallfahrtsort von Guadalupe, Tonantzin, der 20000 Besucher faßt.

Tonantzin war es vielleicht, die ein seltenes Phänomen bis in die heutige Zeit überleben ließ. Als wollte sie der Nachwelt die Erinnerung wachhalten, daß es auch mal eine Zeit gab, in der es den Frauen, und nicht nur ihnen, besser ging: Die Rede ist vom »Matriarchat« von Juchitán. Juchitán ist einer der wenigen Orte auf der Welt, in dem die Frauen die erste Geige spielen, während die Männer den Kontrabaß übernehmen. »Matriarchat« trifft die Art des Zusammenlebens der juchitekischen Gesellschaft nicht genau. Es handelt sich eher um ein sehr feines Zusammenspiel zwischen männlichen und weiblichen Verantwortungsbereichen, einer gleichberechtigten Arbeitsteilung, in der jedoch der weibliche Beitrag dem männlichen in Ansehen und Handlungsvermögen in nichts nachsteht. Vielleicht kennen Sie die Schwarzweißbilder der Fotografin Graciela Iturbide. Sie hat in ihrem Band *»Juchitán de las mujeres«* diesen eigensinnigen Frauen ein Denkmal gesetzt. Man sieht darauf hochaufgerichtete, königliche Weibsbilder, die zu wissen scheinen, was sie wert sind – etwa jene *juchiteca*, deren Haupt ein ausgewachsener Leguan krönt. Gesunde Leibesfülle ist in Juchitán frauliches Schönheitsideal und wird gleichgesetzt mit Würde, Reife und guter gesellschaftlicher Stellung: Die Frauen haben »Gewicht« im öffentlichen und privaten Leben. Sie tragen, neben neuzeitlicher Kleidung, bunte, mit großen Blumen bestickte weite Röcke und Blusen, die ihre Standfestigkeit noch unterstreichen und an die ungebändigten, Respekt gebietenden Röcke der spanischen Zigeunerinnen erinnern. Die zarte, gebrechliche Frida Kahlo, Malerin und Muse vieler Künstler der dreißiger Jahre, kleidete sich mit Vorliebe in die Tracht der selbstbewußten Frauen von Juchitán und trug deren Reiz bis nach New York und Paris, wo sich die Haute Couture davon beeinflussen ließ.

Juchitán ist eine Kleinstadt im tropischen Süden Mexikos, gehört zum sehr indianisch geprägten Bundesstaat Oaxaca. Die Frauen verarbeiten nach gut gehüteten Familienrezepten die Rohprodukte, die die Männer von den Feldern, aus den Wäldern oder Gewässern nach Hause bringen, und verkaufen sie als traditionsreiche Spezialitäten auf dem Markt oder bereisen damit das Land. Auf diese Weise schaffen sie einen Mehrwert auf der Basis der Güter, die die Männer produzieren, und verdienen so sich und der Familie den Lebensunterhalt. Die Frauen verwalten das Familienvermögen und vererben es an ihre Töchter. Auch das Haus gehört der Frau. Sie baut es selber und bewohnt es mit ihrer Großfamilie, zu der der Mann gehört, wenn sie einverstanden ist. Viele Frauen haben Kinder von verschiedenen

Männern, und oft werden noch fremde Kinder adoptiert und in der Großfamilie aufgezogen. In diesen Haushalten sind die Kinder in einer Gemeinschaft aufgehoben und hängen nicht nur an einer Mutter. Die Männer ihrerseits verfügen über Taschengeld, und ihnen gehört das Land, das sie bearbeiten. Mit ihren elementaren, geschlechtsspezifischen Aufgaben sind sie in die Gemeinschaft integriert. Keine Frau braucht jedoch einen Mann in ihrem Haus zu dulden, der nichts taugt.

Die Auswirkungen dieser Lebensweise nach dem Prinzip der Gegenseitigkeit sprechen für sich: Während in Mexiko auch heute noch fast die Hälfte der Bevölkerung schlecht- bis unterernährt ist, bildet Juchitán eine große, man könnte sagen, sensationelle Ausnahme. Die Nahrungsversorgung war für diese Kleinstadt nie ein Problem. Die Ernährungslage ist laut UNICEF im Schnitt sogar besser als in den USA. Das Durchschnittsgewicht von Säuglingen liegt mindestens um ein halbes Kilogramm höher als im übrigen Mexiko, weitaus höher als in anderen indianischen Gebieten oder Entwicklungsländern. Juchitán hat die niedrigste Kindersterblichkeit und die höchste Lebenserwartung im ganzen Land.

Überdies – auch eine kleine Sensation – gelang es den widerspenstigen Frauen und Männern von Juchitán als erster mexikanischer Gemeinde bereits 1981, der Staatspartei PRI nach fünfzig Jahren gewalttätiger Alleinherrschaft und trotz massiven Wahlbetrugs der Gemeinderegierung ihre Ämter abzunehmen.

Der Alltag in Juchitán ist jedoch geprägt von großer Gemeinschaftlichkeit, Offenheit – Homosexuelle beiderlei Geschlechts haben ihren angestammten Platz in der Gesellschaft – und Fröhlichkeit: In kaum einem anderen Ort Mexikos, dem Land der unendlichen *fiestas*, wird mehr gefeiert. Natürlich ist auch Juchitán bei näherer Betrachtung kein Paradies. Aber immerhin ein bemerkenswerter Ort, ein beispielhaftes Modell, in dem die Bürden und Freuden des Lebens gleichmäßiger auf beide Geschlechter verteilt sind.

Französische Täubchen und aztekische Enten
Mexiko für Kostverächter

Über die mexikanische Küche wollen wir lieber nicht sprechen, denn die Mexikaner sind empfindliche Leute.« Das steht im – nun ja: nicht so repräsentativen – Bildband »*Mexiko*« eines großen Buchclubs, der in unserer Jugendzeit in jedem Wohnzimmer stand. Der Autor war Anthropologe, französischer Nationalität. Tatsächlich, von französischer Küche haben die Mexikaner wenig kapiert, obwohl fast das ganze 19. Jahrhundert lang französische Köche und Kochfibeln der mexikanischen Hautevolee die einzig wahre Kochkunst beizubringen versuchten. Eine »*Allerneueste Kochkunst*« von 1831 lehrt zum Beispiel die Zubereitung einer »Fliegenden Taubenpastete« auf französische Art: Auf einer Taube im Teigmantel wird ein Teighütchen mitgebacken, das sich abnehmen läßt und unter dem gerade ein junges Täubchen Platz findet. Im Moment, wo das Gebäck serviert wird, hebt man das Hütchen ab, und hervor schwebt das Täubchen (falls es die Hitze überlebt hat). Wir wollen nicht fragen, was das arme Tier in seiner Angst auf der Pastete hinterlassen haben mag.

Doch solche und ähnliche Raffinessen fanden höchstens Eingang in die alleroberste Gesellschaftsschicht, die mit der Nähe zu Frankreich ihre Unabhängigkeit von Spanien zu demonstrieren versuchte. In der mexikanischen Volksküche haben sie sich nicht niedergeschlagen. Nicht einmal der oberste Propagandameister jener alleinseligmachenden Kultur, Diktator Porfirio Díaz, der während seiner mehr als dreißigjährigen Regierungszeit Palast um Palast nach Pariser Vorbild bauen ließ, erlag den Versuchungen jener Küche. Lieber verschlang er im geheimen gebackene Heuschrecken und tunkte seine Tortillas in dicke Saucen nach der Art seines Heimatstaates Oaxaca.

Mexiko – Ödland für Gourmets? Nichts falscher als das. Die mexikanische Küche ist eine der großen Küchen der Welt und so eigenständig, daß, wer in der mexikanischen Provinz ein Rindsfilet verschlingen möchte und ein *filete de res* bestellt, selber schuld ist an seinem Pech. Es wird ihm ergehen wie einem Japaner, der in einem soliden mitteleuropäischen Landgasthof auf Sushi besteht. Ein *filete* ist in Mexiko (außer bei Fisch) ein schlichtes Schnitzel; und überhaupt werden Sie Ihren Aufenthalt mehr genießen – und genüßlich eine Menge über Mexiko erfahren – wenn Sie sich auf die mexikanische Art des Essens einlassen. Einige Anfangsschwierigkeiten gilt es dabei schon zu überwinden. Eine vornehme Reisende gesteht: *Die Küche von Veracruz* [wo die Marquesa de Calderón de la Barca 1839 an Land gegangen war] *schien mir vor zwei Jahren abscheulich. Jetzt finde ich sie herrlich. Welch ausgezeichneter Fisch! Welch unvergleichliche Bohnen!* Der Zugang zu Mexikos Küche ist keine sechsspurige Autobahn.

Das fängt schon bei den Mahl-Zeiten an. Essenszeit ist zwischen zwei und fünf Uhr nachmittags. Zu spät, werden Sie vielleicht sagen. Genau richtig, halten die Mexikaner aus langer Erfahrung dagegen. Denn am Nachmittag ist es meistenorts schlicht zu heiß für jede andere Tätigkeit, schließlich sind Sie hier kaum zwanzig Breitengrade vom Äquator entfernt. Das Essen mitten am Nachmittag hat einen zusätzlichen Vorteil: Sie werden am Abend keinen großen Hunger verspüren und nach einem leichten Abendessen – die Mexikaner essen meist ein paar Biskuits – eine wunderbar ruhige Nacht verbringen.

Und aufs Frühstück werden Sie sich mit Grund freuen. Die Vielfalt an Früchten ist unerschöpflich. Fruchtsäfte sind fast an jeder Ecke zu haben. Nebst dem allgegenwärtigen frischgepreßten *jugo de naranja* – Orangensaft – werden, je nach Saison, Säfte aus Kaktusblättern (*nopalitos*), Kaktusfrüchten (*tunas*), Guaven (*guayabas*), Grapefruits (*toronjas*), Ananas (*piñas*), Melonen oder Mangos angeboten, eine unvollständige Liste. Und all diese Säfte sind so natürlich süß, daß sie weder nach Zucker rufen noch ihr Aroma zu verstecken brauchen, indem sie auf zwei Grad Celsius heruntergefroren werden wie in den benachbarten USA.

Ein *coctel de frutas* ist die andere Variante, mit der ein mexikanischer Morgen beginnen kann. Zu diesem Fruchtteller – ohne Zucker, ohne Sauce, ohne Sahne – gehören auf jeden Fall mit Limettensaft beträufelte Papaya sowie, je nachdem, Ananas, Banane, Melone und Wassermelone. Wenn die Früchte *en su punto* sind, also genau die richtige Reife haben, werden Sie sich gleich im Vorgarten des Paradieses fühlen. Weiter haben Sie die Wahl zwischen verschiedenen Eierspeisen, zum Beispiel *à la mexicana* – Rührei mit Zwiebeln, Tomaten und Chili. Falls Sie um diese Tageszeit noch keine Lust auf die mitservierten Tortillas und Bohnen verspüren, können Sie getoastete *bolillos* oder *teleras* verlangen – luftiges Weißbrot, das am nächsten Tag jeglichen Reiz verloren haben wird, frisch jedoch europäisches Heimweh nach Brot problemlos besänftigt.

Mit einem solchen Frühstück sind Sie schon mittendrin in dem, was mexikanisches Essen ausmacht: Ingredienzen spanischer (und indirekt asiatischer und arabischer) Herkunft werden mit den Reichtümern der einheimischen Natur amalgamiert. Den spanischen Eroberern stand vor Staunen der Mund offen, als sie am Hof des letzten Aztekenkaisers Moctezuma zum Essen eingeladen wurden. Sie saßen vor einer Vielfalt von Speisen, die im Europa des 16. Jahrhunderts kein Mensch je gekostet hatte: Tomaten (in Mexiko *jitomate* – Bauchnabeltomate – genannt), Mais, Bohnen, Kürbis, Chili (Kolumbus, in seinem hartnäckigen Festhalten daran, Indien und das Land des Pfeffers entdeckt zu haben, nannte ihn »Pfefferschote«), Erdnüsse, Avocados (die Butter vom »Hodenbaum«, wie die aztekische Etymologie nahelegt), Ananas, Papaya, Guave, Pflaumen, Vanille und Kakao, dazu Hunderte von Früchten, Gemüsen und Gewächsen, die es nicht – wie die zahlreichen Arten von *zapote*-Früchten, die *chirimoya* oder die *yuca*-Wurzel – zu Weltberühmtheit gebracht haben. Daß sich die aztekischen Adeligen vor und nach dem Essen die Hände mit sauberem Wasser wuschen, erregte unter den Spaniern zusätzliches Aufsehen. Und nicht zuletzt wurden die Speisen offensichtlich raffiniert zubereitet, wie das folgende überlieferte Rezept zeigt:

Pato en lodo (Ente im Lehm):

Die Ente wird am Vortag ausgenommen und dann abgehangen. Am nächsten Tag wäscht man sie innen und füllt sie mit Kaktusfrüchten und Kräutern. Die Federn beläßt man. Nun wird die Ente in eine Kugel aus Lehm eingepackt und während zwei bis drei Stunden in heiße Glut gelegt. Nachdem man sie leicht hat abkühlen lassen, schlägt man die hart gewordene Kugel auf, und das Entenfleisch präsentiert sich gar und zum Essen bereit, die Federn bleiben eingebacken im gebrannten Ton zurück.

Hohe Schule der amerikanischen Kochkunst zur Zeit des europäischen Spätmittelalters. Das mühselige Rupfen der Federn entfällt, und das Fleisch bleibt, wie im »Römertopf« geschmort, schön saftig. In der Fonda »Don Chon«, einem einfachen aber gepflegten Restaurant mitten im Marktviertel der Hauptstadt, können Sie heute noch eine Idee davon gewinnen, was einst aztekische Küche gewesen sein mag. Wenn Sie abenteuerlustig sind, kosten Sie unter anderem jene gebratenen *chapulines* (Heuschrecken), die Don Porfirio die französische Küche verschmähen ließen und die in Oaxaca bis auf den heutigen Tag eine begehrte Delikatesse darstellen.

Doch das Grundnahrungsmittel schlechthin ist in ganz Mittelamerika der Mais. Wenn Mexikaner zum Essen keine Tortilla kriegen, ist das weit schlimmer, als wenn Sie in Europa in einem Restaurant kein Brot auf den Tisch bekommen. Die Tortilla – ein Maisfladen von der Form eines kleines Pfannkuchens – ist nicht nur das »Brot« der Mexikaner, für viele einfache Leute ist sie auch das Besteck. Die Tortilla wird mit Salz bestreut oder mit Chilisauce beträufelt, mit ein paar Bohnen belegt und eingerollt. Oft ist die noch immer schwer subventionierte Tortilla die einzige Nahrung überhaupt, das Tunken in eine möglichst scharfe (und vitaminreiche) Chilisauce läßt das Fehlen von Eiern, Fleisch oder Gemüse leichter vergessen.

Aufgewärmte Tortillas können eine furchtbar zähe und trockene Angelegenheit sein. Eine Delikatesse hingegen sind die mürben *tortillas recién hechas*. In traditionsbewußten Restaurants, auf vielen Märkten und auf dem Land sind sie noch heute zu haben, die Tortillas, die aus frischer *masa* von Hand zubereitet werden. Die *masa* ist ein Teig aus gemahlenen Maiskörnern, die am Vortag zusammen mit Kalk gekocht werden. Sie ist die Grundlage Dutzender von Gerichten. Aus ihr wird, unter Beigabe von Wasser, der *atole* bereitet, jahrhundertelang das Frühstücks- und Abendgetränk der einfachen Leute. Aus der *masa* werden auch die *tamales* gemacht, jene in Mais- oder Bananenblätter gekochten gefüllten Maiskuchen, die Sie unbesorgt um hygienische Bedenken von jedem Straßenverkäufer kaufen können, gefüllt mit Konfitüre oder mit Chili gewürzt, oder – die Edelversion – *à la oaxaqueña*: mit Hühnerfleisch und pikanter sämiger Sauce.

Chili und Bohnen ergänzen den Mais zur »Dreifaltigkeit« der traditionellen Grundnahrungsmittel. (Der bei uns geläufige Ausdruck *Chili* ist übrigens ein Anglizismus; die Gringos verballhornten das spanische *e* in *chile* zum englischen *i* – und näherten sich damit dem ursprünglichen Nahuatl-Ausdruck wieder an: *chilli.*) Beide gibt es in großer Artenvielfalt. Bei den Chilis wird die Sache dadurch kompliziert, daß die scharfen Dinger anders heißen, je nachdem, ob sie frisch oder getrocknet sind. In der Regel gilt: Je kleiner die Schote, desto aggressiver die Schärfe. In der gepflegten Küche werden Samen und Scheidewände entfernt, um dem Gast nicht in erster Linie den Gaumen zu verätzen, sondern das große Spektrum der verschiedenen Geschmacksnoten zur Geltung zu bringen.

Vielleicht waren Sie schon mal in Kalifornien oder Texas? Haben da *Texmex* gegessen? Wenn Sie jetzt im Bestreben, sich einfühlsam der original mexikanischen Küche zu nähern, statt eines Rindsfilets ein *chili con carne* bestellen, werden Sie wieder eine Enttäuschung erleben. Wir haben das Fleisch- und Bohnengericht in der uns bisher bekannten Form weder in mexikanischen Restaurants noch in mexikanischen Kochbüchern aufstöbern können. Das einzige, was an diesem Gericht als typisch durchgehen kann, ist die Kombination der amerikanischen Bohne mit dem europäischen Rindfleisch. Tatsächlich haben erst die Spanier Großvieh auf dem Kontinent eingeführt, dazu Schweine, Schafe und Ziegen. Der damit verbundene riesige Weidebedarf hat die bestehende Landwirtschaft ruiniert und einen guten Teil der Urbevölkerung in den Hungertod getrieben. Die einheimische Ernährung geriet gründlich durcheinander. Die Indios ernähren sich seit jeher wenig fleischlastig, und die Azteken und ihre Vorfahren beschränkten sich, was Fleisch anbelangt, auf Geflügel (unter anderem Truthahn), Kleinwild und Zuchthunde. Heute findet man Rinderherden vor allem in der nördlichen Hälfte des Landes – Sie erinnern sich an entsprechende Bilder aus Wildwest-Filmen. In den nördlichen Gliedstaaten wird daher mehr Rindfleisch gegessen. Doch im allgemeinen ist Fleisch auf dem Speisezettel nicht die Hauptsache. Auf der Menükarte wird nicht Truthahn mit Puebla-Sauce angeboten, sondern Puebla-Sauce mit Truthahn. Im Zentrum steht die *mole*, in unserem Fall die *mole poblano*, zusammen mit der *mole negro* von Oaxaca das Nonplusultra unter den zahlreichen sämigen Saucen, die den Stolz einer guten Köchin ausmachen. Die *mole poblano* besteht aus rund zwanzig Zutaten. Ihre Sämigkeit gründet nicht auf Mehl oder Rahm, sondern im wesentlichen auf gemahlenen Nüssen und Kürbiskernen; zu ihren Ingredienzen gehören grüne und rote Tomaten, mehrere Chilisorten, Anis, Nelken und Zimt sowie Schokolade.

Ein allgemeinverbindliches Rezept für *mole poblano* existiert jedoch nicht. Vielmehr hütete jedes Kloster der Stadt Puebla sein eigenes *mole*-Rezept wie seinen Augapfel. Die Klöster bildeten die Kristallisationspunkte der Mestizenküche. Hier wurde gesammelt, was indianische Köchinnen der Kolonialherrschaft an Speisen vorsetzten; die Nonnen bekochten kirchliche Würdenträger und ihre Gäste an den nicht zu knappen Feiertagen, und im Kloster lernten die Señoritas aus besseren Kreisen die Kunst der lukullischen Verlockungen, die ihre späteren Gatten für immer an den häuslichen Tisch binden sollten, darunter süße Verführungen wie *ate* (eingedickter Gelee aus *guayaba* oder Quitten) oder *cajeta* (Brotaufstrich aus karamelisierter Ziegenmilch).

Wenn Sie Lust haben, die authentische mexikanische Küche kennenzulernen, führt der Königsweg dorthin sozusagen durch die Hintertür: Suchen Sie immer wieder das gleiche einfache Restaurant auf, in dem Sie einmal gut gegessen haben, und bestellen Sie die *comida corrida*, das Tagesmenü. Das ist nicht nur äußerst preisgünstig, sondern präsentiert Ihnen mit der Zeit einen schönen Querschnitt durch das kulinarische Mexiko. Zur *comida corrida* gehört erst einmal die zweiteilige *sopa*, eine Suppe in unserem Sinn, und die *sopa seca*, die »trokkene Suppe«, meist ein Teller Reis. Zum Reis wird immer eine kalte Sauce aufgetischt; zum Beispiel die *salsa verde* aus grünen Tomaten, Knoblauch, Zwiebeln, Chili und *cilantro* (Koreanderkraut). Die *salsa verde* hat gute Chancen, Ihnen während eines längeren Aufenthalts so sehnsüchtig vertraut zu werden wie der Duft von frischen Tortillas, die selbstredend bei jedem Essen dabei sind.

Geradezu unentbehrlich sind die Tortillas zum Hauptgang. Wohin sonst mit der *guacamole* (Avocado mit Tomaten, Zwiebeln, Chili und *cilantro*) oder den *frijoles* (Bohnen), die – gekocht oder als Mus gebraten – weiterer obligatorischer Bestandteil einer *comida corrida* sind. Alles läßt sich in Tortillas einrollen: Fleisch und Gemüse von *mixiote* (in Agavenhaut geschmortes Lamm-, Hühner oder Kaninchenfleisch), *chiles rellenos* (große gefüllte Chilis), *manchamanteles* (»Tischtuchbeschmutzer« – ein pikanter Eintopf mit Schweinswurst und Huhn, Ananas und Mandeln) oder *huitlacoche* (schwarzer Pilz, der den Maiskolben befällt – eine gesuchte Delikatesse). Oder Sie benutzen die Tortilla, um eine der unzähligen Varianten von *mole* oder eine *salsa borracha* (eine Sauce auf der Basis von *pulque*) aufzutunken.

Pulque nährt die Menschen und ihre Träume seit prähispanischen Zeiten. In der vorspanischen Zivilisation vornehmlich Priestern, Alten und Kranken vorbehalten, wurde der nährstoffreiche vergorene Most der Agave später zum Volksgetränk schlechthin. Die Spanier trauten ihm nie. Die *pulquerías* mußten um fünf Uhr nachmittags schließen, an Sonn- und Feiertagen schon um drei. *pulque* durfte nicht in Speiserestaurants ausgeschenkt werden und nicht in Musiklokalen. Es scheint eine subversive Kraft in ihm zu wohnen. Der Volksmund quillt über, wenn es um den sämigen Saft des *maguey* (Agave) geht. Zum Beispiel bei dieser Verballhornung des *Vaterunser*:

Vater unser in den Agavenblättern
gereinigt sei Dein trüber Saft
er fülle einen Bottich voll
im Himmel
wie auch auf Erden.
Unsern täglichen Magueysaft
gib uns heute
und heile uns unsern Kater
wie wir den unserer Freunde heilen,
und laß uns nicht ins Gefängnis kommen
sondern bewahre uns
vor schlechtem Mezcal
jetzt und in alle Ewigkeit
Amen.

Das Trinken in Mexiko – mehr noch als das Essen – ist in großem Umbruch begriffen. Die wirtschaftliche Öffnung ist dabei, Getränke mit jahrhundertealter Tradition wie *atole, tepache* (fermentiertes Ananasgetränk) oder *pulque* zu verdrängen. *pulque* – unvermischt oder mit Fruchtsäften angereichert – ist in den Städten immer seltener erhältlich und verwandelt sich langsam in eine Legende.

Auftrieb hingegen hat das mexikanische Bier, im Inwie im Ausland. Die Spitzenmarke *Corona* ist das am zweithäufigsten verbreitete Importbier in den USA, die Importraten der europäischen Länder steigen jährlich zweistellig. Die Mexikaner ihrerseits haben selbst während der Krisenzeit Mitte der neunziger Jahre, als der Inlandkonsum jäh einbrach, nicht weniger Bier getrunken als davor.

Was dem *pulque* versagt blieb, nämlich eine internationale Karriere, hat nun der Tequila geschafft. Seit 1997 schützt die Europäische Union Tequila (und seinen rauhen Bruder Mezcal) als herkunftsabhängiges Markengetränk und bezieht den destillierten Agavensaft in steil ansteigenden Mengen. Wer's eher ungestüm mag oder wer ihn mit Limettensaft zum Aperitivgetränk *margarita* mixen will, ist mit *tequila blanco* gut beraten, wer geschmacklichen Finessen den Vorzug gibt, kommt mit dem *reposado* oder dem *añejo*, dem am längsten gelagerten Tequila, auf seine Rechnung.

Es wäre allerdings falsch zu glauben, Mexiko hätte nur alkoholische Getränke anzubieten. Zum oft pikanten Essen passen die herkömmlichen *aguas frescas* hervorragend – mit Eiswasser verdünnte Fruchtsäfte. Jüngst geraten sie allerdings etwas in Bedrängnis durch die großen internationalen Limonaden, allen voran Cola.

Noch ein Getränk einheimischen Ursprungs hat es schon seit längerem schwer: Kakao. Während zwei Jahrhunderten das unbestrittene Frühstücksgetränk der Gutsituierten – die armen Leute tranken ihre *atole* –, geriet die Bohne vom *cacahoaquáhuitl* Ende des 18. Jahrhunderts unter Konkurrenzdruck. Damals fing man in

Mexiko damit an, Kaffee anzupflanzen. Zwar produzierte Mexiko bald einen der weltbesten Kaffees, doch hat sich keine eigenständige Kultur des Kaffeeröstens und -trinkens entwickelt. Die einzige erfreuliche Ausnahme ist der *café de olla*, mit Zimt, Nelken, *piloncillo* (eingedickte Zuckermelasse) und manchmal mit Schokolade gebrauter Kaffee aus dem Topf. Allzuoft bekommt man aber *café americano*, eine zwar nervenreizende, aber ansonsten fade dünne Brühe. Oder Nescafé.

Die neuen Zeiten scheinen sich prinzipiell gegen die mexikanische Küche verschworen zu haben. Fertigmoles, Fertigtortillas und Instantkaffee überschwemmen den Markt. Wer kann es sich heute schon leisten, den Tag damit zu verbringen, zu Hause eine *mole poblano* herzustellen? Und wer hat schon das Geld, Angestellte zu beschäftigen, die ihm während des Essens frische Tortillas reichen? Die internationale Hamburger-, Hot Dog- und Pizza-Industrie riecht da natürlich Lunte, und in den Städten künden grelle Leuchtreklamen an jeder Ecke vom Einzug der entsprechenden Fütterungsstellen. Doch das traditionsbewußte Mexiko gibt sein Terrain nicht kampflos preis. In einer Zeit, da kaum jemand zwei Stunden aufbringen kann, um sich quer durch die Zwanzig-Millionen-Hauptstadt nach Hause an den Mittagstisch durchzukämpfen, bieten Stände an jeder Ecke *tacos* (Tortilla mit Fleischfüllung) und *tortas* (getoastete Brötchen mit Fleisch, Käse und Gemüsefüllungen) feil. Manch ein Besitzer dieser Imbiß-Buden ist damit steinreich geworden. Verführerisch riecht's im größten Mittagsverkehr, also nach zwei Uhr, auf den Straßen Mexikos. Wer müde und abgehetzt an einer

Taco-Bude oder einem Torta-Stand vorbeikommt, kann fast nicht anders als zugreifen.

Doch aufgepaßt. Wenn Sie sich etwas ersparen sollten, dann ist es »Moctezumas Rache«, eine Verdauungsstörung von solcher Gründlichkeit, daß sich die Opfer für ein paar Tage nicht weiter als einen Meter von der Toilette zu entfernen wagen. Essen Sie nur da, wo Sie nicht Verdacht schöpfen, von der Rache des letzten Aztekenkaisers eingeholt zu werden. Verlassen Sie sich dabei ganz auf ihre europäischen Instinkte. Und vergessen Sie nicht, sich wirklich vor jedem Essen die Hände mit Seife zu waschen. Der Besuch auf der Restauranttoilette wird Ihnen zugleich Aufschluß über die Sauberkeit des Etablissements geben.

Übrigens: Mehr Erfolg als der französischen Küche ist in Mexiko jüngst dem erzfranzösischen Getränk, dem Wein, vergönnt. Nachdem die Spanier während drei Jahrhunderten den Rebbau aus Konkurrenzgründen praktisch unterbanden, werden seit einigen Jahren im Norden des Landes, auf kühleren, meist dem Pazifik zugekehrten Anhöhen, Reben angepflanzt, aus denen hervorragende Weine gekeltert werden. *Santo Tomás, Monte Xanic* und *Château Camou* sind Produzenten, die erstklassige Qualität garantieren. Das Hauptproblem ist, Weine gut gelagert und in anständiger (kühler) Temperatur serviert zu bekommen. Doch mexikanischer Wein ist ohnehin in erster Linie ein Exportprodukt. Zur oft pikanten Küche passen *pulque*, Bier und *aguas de fruta*, allenfalls ein Tequila als Aperitiv, bei weitem besser.

Nun aber: *Provecho* (guten Appetit) und *Salud* (Gesundheit).

Eine Stadt nach der Apokalypse
Mexiko für Landeier

Der *Palacio de Bellas Artes* mitten in Mexiko-Stadt sollte ein Prunkstück werden, eines jener Baudenkmäler, mit denen sich der Diktator Porfirio Díaz glanzvollen Nachruhm sichern wollte. Ein italienischer Architekt wurde angeheuert, Marmor aus Carrara herangeschafft und bei Tiffany der Bühnenvorhang aus einer Million Glasplättchen bestellt. Die Bauarbeiten begannen 1904. Das Gebäude, das den Opern von Richard Wagner einen würdigen Rahmen bieten sollte, wuchs in die Höhe und in die Breite – und versank gleichzeitig im Untergrund.

Die Vollendung des *Palacio de Bellas Artes* verzögerte sich angesichts der immensen Schwierigkeiten beim Bau um fast dreißig Jahre. Als er 1934 schließlich eingeweiht werden konnte, stieg man zum Portal nicht wie geplant hinauf, sondern *hinunter*. Der Marmorkoloß ist derart schwer, daß ihn der Untergrund nicht zu tragen vermag. Den *Palacio* nicht und mit ihm die halbe Hauptstadt nicht. Mexiko säuft ab. Genau 10,7 Meter waren es in den letzten siebzig Jahren. Einerseits bieten die einstigen Lagunen als Fundament wenig Stabilität. Andererseits, heißt es, sei die übermäßige Nutzung des Grundwassers schuld am Versinken des »Überbaus«. Doch was genau heißt »übermäßige Nutzung des Grundwassers«?

Espiridion Rodríguez und Conchita Ríos hatten sich als junges Paar am Südrand der Stadt, an den Abhängen des Ajusco, ein Häuschen gebaut. Ein Zimmer, genaugenommen. Backsteinmauern, gestampfte Erde, ein Wellblechdach. Einigermaßen solide, wenn auch ohne fließendes Wasser. Espiridion hatte eine rechte Anstellung in einer Großfirma, die Werkzeug verkaufte. Bald kamen die beiden Kinder – mehr als zwei sollten es nicht sein, denn die Eltern wollten später genug Geld haben, um ihnen auch eine Ausbildung bezahlen zu können. Conchita verdiente ein kleines Zubrot mit Schneiderarbeiten, die sie nebenbei zu Hause erledigte.

Nach ein paar Jahren konnte die Familie anbauen: Zum Koch- / Eß- / Wohnraum kam nun ein Schlafzimmer hinzu. Nur Wasser gab es immer noch keins. Niemand hatte Wasser in der Siedlung der *Colonia Miguel Hidalgo*, jedenfalls kein fließendes. Zweimal die Woche füllte der städtische Tankwagen die alten Ölfässer zwischen den Bretter- und Backsteinbuden, auf deren Abdeckungen die Kinder herumlümmelten.

In einer der zahllosen Krisen Mexikos verlor Espiridion seine Arbeit. Er ließ sich nicht unterkriegen und machte sich selbständig, als Bauhandwerker. Er war tüchtig, wurde dahin gerufen, dorthin, mal als Maurer, mal als Spengler. Bloß ließ sich damit kaum etwas verdienen, die meisten Auftraggeber waren Bewohner aus der *Colonia*, hatten ebensowenig Geld wie Espiridion und seine Familie. Und alle bezogen ihr Trinkwasser aus den Ölfässern am Eingang des Viertels.

Dutzende, inzwischen vielleicht Hunderte von Malen, haben die Leute von der *Miguel Hidalgo* bei den Stadtbehörden vorgesprochen, damit diese eine Leitung in die Siedlung lege. Ohne Ergebnis. Es sei einfach zuwenig Wasser da, es reiche nicht für alle. Schließlich kam der Tankwagen drei- statt zweimal die Woche, der einzige – und vorübergehende – Lichtblick in fünfundzwanzig Jahren.

Unterdessen war ein Reicher in die Gegend gekommen, dem offenbar die Hanglage mit der schönen Sicht auf die Stadt gefiel. Er ließ viel Erde abtragen und eine große Mauer hochziehen, damit er – trotz Hanglage – einen schönen ebenen Garten anlegen konnte. Nebenbei verhinderte die Mauer den Einblick ins stattliche Grundstück. Doch an warmen Tagen können Espiridion und Conchita hören, wie der Reiche oben hinter der Mauer in seinem Swimmingpool planscht, während sie selbst auf den Tankwagen – und auf die Wasserleitung – warten.

Die Seen, von denen es in Mexiko unzählige gibt und die Jahr für Jahr weniger werden, sind nichts als kleine Reste jener immensen Wasservorräte, die es früher auf der großen Hochebene gab, schreibt 1809 der deutsche Gelehrte Alexander von Humboldt. Seine gigantische, eigentlich geographische Studie mit dem Titel *»Versuch über den politischen Zustand des Königreichs Neu-Spanien«* fragt auch nach den Gründen der offenbar schon vor zweihundert Jahren spürbaren Wasserprobleme: *Diese Übel eskalierten mit der Ankunft der Europäer in Mexiko. Denn jene Siedler haben nicht nur gerodet, ohne wiederaufzuforsten, sie haben auch große Gebiete trockengelegt und damit noch größeren Schaden angerichtet.*

Das Wasser ist die Achillesferse der Stadt Mexiko. Obwohl das Grundwasser übermäßig beansprucht wird, reicht es nur für die Hälfte des Bedarfs. Der Rest muß aus mehr als hundert Kilometern Entfernung herangeschafft, über tausend Meter hochgepumpt werden. Das Resultat: Auch die Umgebung der Stadt verödet.

Warum die *chilangos* – eigentlich eine Parasitenart allesfressender Darmwürmer, inzwischen im ganzen Land geläufiger Spitzname der Hauptstädter – weltweit zu den Spitzenkonsumenten von Wasser gehören, ist nicht ganz geklärt. Der Durchschnittsverbrauch pro Kopf und Tag wird amtlich mit 360 Litern angegeben (allerdings wird gemunkelt, daß rund die Hälfte dieser Menge auf dem Weg zu den Haushalten versickert). Espiridion und Conchita müssen sich mit achtzehn Litern zufriedengeben. Folgerichtig gibt es Leute, die weit mehr als die Durchschnittsmenge beziehen – um ihren Swimmingpool zu füllen, ihren Rasen zu sprengen, ihre Autos zu waschen. Wer eine Dusche hat, benutzt sie ausgiebig; der Äquator liegt nicht weit; auf 2300 Metern über dem Meer können die Nächte zwar kalt werden, die Tage aber sind auch im Winter sommerlich heiß. Und wie sich Mexikaner, die etwas auf sich halten, nie mit ungewaschenem Auto oder mit nicht hochglanzpolierten Schuhen in der Öffentlichkeit zeigen, so wenig wollen sie in ihrem sonstigen Auftreten ungepflegt wirken. Stinken, heißt es, tun nur die Indios. Oder Leute, denen es »an Kultur mangelt« …

Leute, denen es »an Kultur mangelt«, gibt es zuhauf. Tag für Tag strömen sie vom Land in die Hauptstadt, lassen sich irgendwo an der Peripherie nieder, zimmern mit ein paar Brettern oder Stoffetzen, mit Kartonschachteln, Wellblech oder Plastik einen Unterstand. Buchstäblich jeden Tag müßte eine Schule gebaut werden für die neu angekommenen Kinder. Jede Woche bräuchte es ein zusätzliches Krankenhaus. Und ein paar tausend neue Arbeitsplätze, zusätzliche Kanalisations- und Wasserleitungen ... Die meisten von denen, die versuchen, ländlicher Armut zu entkommen und in der Stadt ihr Glück zu finden, geraten vom Regen in die Traufe.

Pablo Tellez empfängt uns – im Frühjahr 1990 – stockbesoffen. Ein König, der kaum mehr reden kann. Sein Reich ist der *Tiradero*, eine Müllhalde im Westen der Stadt. Poetisch verklärt heißt sie *Prado de la montaña*, »Bergwiese«, der Stadtteil nennt sich *Santa Fé* – »Heiliger Glaube«. Die Lakaien schütten ihrem Boß ein ums andere Mal Rum ins Glas, das Pablo Tellez schließlich wegzieht; ganz ohne Cola mag er's doch nicht. Neunmal war Pablo Tellez in seinem Leben umgezogen, von einem *Tiradero* zum nächsten. Da, wo er zu Beginn des Zweiten Weltkriegs geboren wurde, landen inzwischen Düsenjets, die ehemalige Müllhalde hat sich in den Flughafen von Mexiko-Stadt verwandelt.

Pablo Tellez hat in Santa Fé gut 3000 Leute unter seiner Fuchtel, sogenannte *pepenadores*. Die klauben – ähnlich wie die Bergarbeiter, aus deren Sprache der Name stammt – das Wertvolle aus dem Boden, sie sortieren und verkaufen es an ihren Chef. Niemand ist ermächtigt, das gesammelte Gut – Blechdosen, Papier, Karton, Plastik, Glas, Stoff, Knochen, manchmal auch direkt Eßbares – auf eigene Faust zu verkaufen. Das Preisgefälle zwischen *Tiradero* und dem freien Markt zu nutzen, steht nur ihrem *líder* zu, was diesem fast zweihundert Prozent Gewinn einträgt.

Doch Pablo Tellez nimmt nicht nur, er gibt auch. Ein Foto von 1984 zeigt ihn zusammen mit dem damaligen Präsidenten Mexikos, Miguel de la Madrid. Die beiden feiern gerade die Einweihung von *El Cuervo*, einer Siedlung mit 208 soliden Steinhäusern. Der Präsident hilft gern, wenn ihn Pablo Tellez im Namen seiner Leute darum bittet. Das beruht auf Gegenseitigkeit. Wenn der Präsident ein paar tausend Leute für eine Kundgebung braucht, ist der *pepenadores*-Chef auch nicht knausrig. Daß sich die *pepenadores* eine anständige Siedlung außerhalb des *Tiraderos* bauen können, festigt die Verbundenheit der Leute mit dem Chef – ihrem unmittelbaren ebenso wie dem obersten Landesherrn –, und so wissen die *pepenadores* denn, welchen Zettel sie am Wahltag in die Urne einlegen müssen.

Allerdings wurde im Sommer 1997 der Stadtpräsident von Mexiko zum erstenmal vom Volk gewählt. Und die erste Gelegenheit einer freien Wahl nutzend, wählte die Bevölkerung der Hauptstadt nicht den Kandidaten der 68 Jahre lang allein regierenden Partei der Institutionalisierten Revolution, PRI, sondern einen Kandidaten der Opposition. Der ein schweres Erbe antrat: Unter der letzten PRI-Regierung hatte sich die Stadt sprunghaft verschuldet, so daß jetzt mehr als ein Drittel des städtischen Budgets von vornherein von Zinsen und Amortisationen aufgebraucht wird. So bleibt wenig Spielraum, nicht nur für die Bereitstellung von Trinkwasser – das sich übrigens ungekocht gar nicht trinken läßt –, sondern für die Lösung eines Haufens weiterer Probleme:

• *Das städtische Transportwesen*

Nachdem sich an der einzigen öffentlichen Busgesellschaft *Ruta 100* Generationen von Politikern illegal bereichert hatten, machte das öffentliche Transportunternehmen im April 1995 plötzlich Konkurs. Die kleinen Sammeltaxis – *colectivos, peseros, microbuses* oder *rutas* genannt – nutzten die Gunst der Stunde und rüsteten auf. Wo früher schlanke VW-Busse oder kompakte Stationswagen fünf bis zehn Passagiere auf vorgegebenen Strekken bedienten, kreuzen nun 25 000 behäbige Blechkisten mit 30 Sitzplätzen, die entsprechend der gestiegenen Zahl der Fahrgäste alle paar Meter anhalten, einander ständig überholen, dem Rest des motorisierten Verkehrs das Leben schwermachen und selber kaum vorwärtskommen. Im Schnitt legen die *chilangos* täglich dreißig bis vierzig Kilometer zurück, um von zu Hause zum Arbeitsplatz und zurück zu gelangen. In den Hauptverkehrszeiten mit einer Durchschnittsgeschwindigkeit von sieben Kilometern pro Stunde.

• *Die Luft*

Der Smog im Kessel von Mexiko-Stadt ist berüchtigt. Tatsächlich gibt es Tage – vor allem im Winter –, an denen man nach kurzem Schnüffeln meint, versehentlich in der Garage erwacht zu sein. Die UNICEF meldete vor einigen Jahren, daß die Kinder der Hauptstadt generell mit derart viel Blei im Blut lebten, daß Verhalten und geistige Entwicklung davon beeinträchtigt würden. Immerhin führten die Behörden 1986 bleifreies Benzin ein und verboten das Verbrennen von schwefelhaltigem Schweröl. Der Anteil von Blei, Schwefel und Festkörpern in der Luft sank. Doch während vor der

Einführung dieser Maßnahmen der Ozon-Grenzwert lediglich fünfmal im Jahr überschritten wurde, war es 1991 so weit, daß der Grenzwert an ganzen zwölf Tagen im Jahr *eingehalten* wurde. Atemwegerkrankungen, vor allem bei Kindern und alten Menschen, sind dadurch häufiger und verlaufen ernster, manchmal tödlich. Die Auswirkungen des Smogs auf die Gesundheit sind allerdings nicht systematisch untersucht, oder die – allzu alarmierenden? – Resultate werden nicht veröffentlicht.

• *Kein Durchkommen 1*

Darbietungen wie öffentliches Sich-zur-Ader-Lassen, symbolische Kreuzigungen oder Entblößungen sind nur einige der ausgefalleneren Formen unter den jährlich rund 2500 registrierten Kundgebungen. Kleinbauern aus allen Landesteilen lassen sich samt Packesel auf dem *zócalo* vor der Kathedrale nieder, bis die Behörden – *las autoridades* – sie anhören und ihnen versprechen, für Gerechtigkeit in diesem oder jenem Landhandel zu sorgen. Unzufriedene Straßenfeger, fliegende Händler, Taxifahrer oder Lehrer legen strategisch geschickt wichtige Haupt-Verkehrsachsen lahm, um im Nu Hunderttausende von Fahrzeugen festzusetzen und dabei das Geschäft von Tausenden von Läden und Restaurants, den Betrieb von Hunderten von Spitälern und Ämtern zu blockieren. Der Präsidentenpalast, die Prachtsstraße *Reforma*, das Innenministerium und der Nationalpalast am *zócalo* sind die begehrtesten »Veranstaltungsorte« in der Innenstadt, die sich höchstens via U-Bahn »unterwandern« lassen.

• *Kein Durchkommen 2*

Nicht nur im Straßenverkehr, auch für Fußgänger sind die Wege oft verstopft. Nach einem ungeschriebenen Gesetz sind überall dort, wo viele Menschen passieren müssen, die Durchgänge am engsten. Kein städtebauliches Problem, sondern die List der 250000 fliegenden Händler, die sich an Metroeingängen, Busbahnhöfen oder auf innerstädtischen Bürgersteigen drängen. Indem sie den Fluß der Fußgänger verlangsamen, erhöht sich die Verweilzeit vor den einzelnen improvisierten Buden. Die Chance steigt, daß die Passanten der Versuchung von Düften, Durstlöschern und Sonderangeboten erliegen. Seit kurzem versuchen die Stadtbehörden – mit mäßigem Erfolg –, das Gewucher auf öffentlichem Grund einzudämmen. Sie verbieten bei Androhung von Buße und Beschlagnahmung den Handel an Metroeingängen, vor Krankenhäusern und im Stadtzentrum. Außerdem sollen Gebühren für die Miete von öffentlichem Grund die Ungerechtigkeit beseitigen, die steuerzahlende Geschäftsinhaber benachteiligt.

• *Öffentliche Sicherheit*

Kennen Sie *Geri*? Oder die *Cóndores*? Zur Auswahl steht auch der *Grupo Pegaso*. Die Rede ist nicht von Idolen der Popmusik, sondern von diversen Abteilungen der Polizei, die in Mexiko-Stadt im Einsatz stehen. *Geri* ist sofort zur Stelle, wenn's um Sprengstoff oder Entführungen geht. Die *Cóndores* operieren aus und in der Luft, per Helikopter. Und der *Grupo Pegaso* heftet sich ausgeschriebenen Übeltätern per Motorrad auf die Fersen. Sechzehn Abteilungen mit insgesamt 80000 Mann (und 600 Frauen), dazu 15000 Privatpolizisten können nicht verhindern, daß der Volksmund den *Distrito Federal* – die politische Bezeichnung der Hauptstadt – als *Distrito Criminal* verhöhnt. Als 1995 die Leibwächter von Präsident Ernesto Zedillo die Entführung seines Sohnes gerade noch verhindern konnten, entpuppten sich die beiden festgenommenen Entführer – als Polizisten. Tatsächlich soll man den Ratschlag ernst nehmen, nachts lieber den Bürgersteig zu wechseln, als es auf die Begegnung mit einem (oder mehreren) Uniformierten ankommen zu lassen.

• *Kanalisation*
Die Kehrseite des Problems mit dem Trinkwasser ist das Problem mit dem Abwasser. Es fehlt an Kläranlagen. Nur der zwanzigste Teil des verbrauchten Wassers geht geklärt zurück in den städtischen Untergrund; der große Rest fließt – nur grob vorgeklärt – aus der Stadt weg und wird im *Valle del Mezquital* zur Bewässerung der dortigen Gemüsekulturen verwendet – guten Appetit! Die *aguas negras* – die Abwässer – sind nicht nur schwarz wie die Nacht, sie hinterlassen in den Böden mehr und mehr Salz und Schwermetalle.

• *Überleben*
Fast 40 Prozent der Stadtbevölkerung gelten als arm, haben zum Beispiel nicht das Geld, sich gesund zu ernähren. Unter diesen mehr als sieben Millionen Menschen befinden sich überdurchschnittlich viele Frauen und Kinder. Dazu sind weitere 1,4 Millionen – mehr, als München Einwohner hat – extrem arm. Von Tag zu Tag leben sie im Ungewissen, ob sie bis zum Abend gegessen haben werden oder nicht.

Nun wissen Sie, daß es unzumutbar ist, in Mexiko-Stadt zu leben. Trotzdem wollen wir Ihnen im folgenden darlegen, daß die größte Stadt der Welt alles andere als nur Schattenseiten hat. Allein die Tatsache, daß eine so oft totgesagte Stadt immer noch lebt, daß eine Stadt mit fast dreimal so vielen Einwohnern wie die Schweiz überhaupt funktioniert, erstaunt uns Mitteleuropäer auf Schritt und Tritt. Mexiko-Stadt ist immer wieder für Überraschungen gut, eben auch für positive.

Zum Beispiel wird es Ihnen unwahrscheinlich vorkommen, daß in keiner Großstadt der Welt derart viele Straßen von Bäumen gesäumt sind wie in Mexiko. Oder: Sie fahren eine Weile durch ein gesichtsloses Außenviertel, und unversehens landen Sie mitten auf einem von charmanten Kolonialbauten gesäumten richtigen Dorfplatz. Oder: Sie sitzen im Taxi, und der Fahrer ist nicht zugeknöpft und abgeschirmt wie ein Schwerverbrecher hinter Gittern, sondern ein Mensch, der Ihnen bei erstbester Gelegenheit sein Zuhause als *su modesta casa* – Ihr bescheidenes Haus – anbietet. Auch wenn die Einladung nicht wörtlich zu nehmen ist – Wohlbehagen verschafft sie allemal.

Die Vitalität von Mexiko-Stadt entspricht etwa der von New York, sagt der englische Historiker Hugh Thomas. Auch das Etikett »Schmelztiegel«, das für New York üblich ist, läßt sich auf Mexiko anwenden. Mexiko ist nicht nur die Hauptstadt eines Staates, sondern auch Metropole für einen Großteil Lateinamerikas. Und keine Stadt innerhalb Mexikos war in vergleichbarem Maß Schmiede der *mexicanidad*, des alle verbindenden Mestizentums. Eine Inschrift auf dem »Platz der drei Kulturen« im uralten Stadtteil Tlatelolco hält fest: *Am 13. August 1521 fiel Tlatelolco, heldenhaft verteidigt von Cuauhtémoc, in die Hände von Hernán Cortés. Es war weder ein Triumph noch eine Niederlage – es war die schmerzhafte Geburt eines Mestizenvolkes, des heutigen Mexiko.*

All die späteren Umwälzungen im Land, die Unabhängigkeit 1821 und die nachfolgenden Kriegswirren, die Revolution hundert Jahre später, die sozialen Erschütterungen in ihrem Gefolge, die Willkür von Dorf-Kaziken – alle diese Umstände und Ereignisse haben die Menschen in die Städte getrieben, vor allem in die Hauptstadt. Humboldt gibt für den Anfang des 19. Jahrhunderts 135000 Einwohner an. Ein Jahrhundert später – bei Ausbruch der Revolution 1910 – war die Bevölkerung auf mehr als das dreifache, auf etwa eine halbe Million, angewachsen. Was aber danach folgte, war echte Bevölkerungsexplosion: Am Ende des 20. Jahrhunderts zählt die *zona metropolitana*, je nach Berechnungsart, zwischen sechzehn und zwanzig Millionen Einwohner.

Die Gliedstaaten Oaxaca und Michoacán, Veracruz und Guerrero werden in der Hauptstadt zu unmittelbaren Nachbarn. Die Immigranten brachten ihre *platos típicos* – ihre Lokalspezialitäten – und ihre Musik mit, beflügelten mit ihren regionalen Eigenheiten und Bräuchen die Phantasie von Malern wie Diego Rivera oder Rufino Tamayo und lieferten ihren Beitrag zur multikulturellen Alchemie, aus der heraus eine hochstehende nationale Literatur, ein Kino mit unverwechselbarem Charakter, eine mexikanische Musik und eine zeitgemäße Interpretation traditioneller Architektursprache hervorgingen.

Erst recht brodelte die Stadt, als die halbe spanische Intelligenz auf der Flucht vor dem Bürgerkrieg oder später der Francodiktatur herzlich empfangen wurde. Dazu gesellten sich – vor, während und nach dem Zweiten Weltkrieg – Emigranten aus der halben Welt. Gewerkschafts- und Parteifunktionäre diverser linker Couleur spannen Intrigen und schmiedeten Pläne, wie den zur Ermordung Leo Trotzkis 1940. Leonora Carrington schaffte in Mexiko den Durchbruch zur international anerkannten Malerin. B. Traven lebte als Weltberühmter unerkannt von seinen exilierten Landsleuten unter mexikanischen Künstlern, während Millionen von Lesern das »Totenschiff« und den »Schatz der Sierra Madre« verschlangen. Mexiko-Stadt wurde – mit Buenos Aires – zur Hauptstadt des spanisch-amerikanischen Verlagswesens (achthundert Zeitungs-, Zeitschriften und Buchverlage haben hier ihren Sitz), des Kinos und des Theaters.

Aller Internationalität zum Trotz hören es die *chilangos* nicht gern, wenn Sie ihre Stadt *Mexiko-City* nennen, schließlich kommen die Mexikaner auch nicht nach Deutschland und fragen nach *Darmcity*. Nennen Sie sie *Ciudad de México* – Mexiko-Stadt – oder ganz einfach »Mexiko«. Denn die Hauptstadt ist es, die dem ganzen Land ihren Namen gab, nicht umgekehrt (*Distrito Federal* oder kurz *D. F.* – »De Effe« – ist die Bezeichnung für den Bundesdistrikt, der gut die Hälfte der Stadt – darunter ihren Kern – ausmacht).

Doch lassen Sie uns noch ein paar Schritte durch die Hauptstadt gehen. In San Angel oder Coyoacán zum Beispiel vergessen Sie eine Weile, daß Sie sich in einer Großstadt befinden. Hier läßt sich's angenehm über

Kopfsteinpflaster flanieren, im Schatten jahrhundertealter Bäume. Auf den Plätzen dieser Dörfer, die von der Stadt »gefressen« wurden (wie Coyoacán, wo das Künstlerpaar Frida Kahlo und Diego Rivera in den dreißiger und vierziger Jahren sein *Land*haus hatte) treffen Sie auf Drehorgelspieler und Handleser, Brunnen rauschen, und Hochzeitspaare kommen zur Vermählung in die schmucken Kirchen von Chimalistac oder Santo Domingo (zwei weiteren »Kolonialdörfern« in der Großstadt).

So paradox es ist: Je länger man in Mexiko lebt, desto lieber wird einem die Stadt. Sie ist vielleicht nicht in erster Linie eine Touristenattraktion (obwohl sie unter anderem hundertsechzig Museen beherbergt: vom grandiosen anthropologischen Museum bis zum Museum der Korruption), sondern eine Stadt, die sich nach und nach, durch ihren »Gebrauch« sozusagen, erschließt. Wir empfehlen Ihnen deshalb, in den Alltag einzutauchen. So werden Sie am ehesten auf ihre lebensfreundliche, vitale Seele treffen. Dafür gibt es ein paar besonders geeignete »Zugänge«:

Die Bewohner des Stadtteils Tepito zum Beispiel fühlen sich als Verkörperung der *chilangos* schlechthin. Sicher ist, daß Sie, wenn Sie zu feilschen verstehen, hier alles zu den billigsten Preisen kriegen. Denn in Tepito, heißt es, wird verkauft, was andernorts geklaut wurde. Auch auf *La Merced*, einem der größten Märkte der Stadt, herrscht großes Gedränge (Ihren Geldbeutel oder die Kamera sollten Sie dabei nicht unbedingt gut sichtbar umhängen). Tagsüber werden vorwiegend Lebensmittel und Gemischtwaren angeboten, nachts ist *La Merced* der »Fleischmarkt« der Stadt. Doch schon der Besuch eines einfachen Markts in ihrem Viertel wird Sie in Stimmung bringen. Gewühl und Gedränge herrscht auch hier, doch Sie müssen etwas weniger verkrampft auf Taschendiebe achten. Wenn Sie sich eine Zeitlang in diesem Meer von Stimmen, Düften und Farben treiben lassen, werden Sie instinktiv die ungeschriebenen Regeln spüren, die verhindern, daß die Stadt im Chaos versinkt.

Wenn Sie in einer Straße die Menschen in zeltähnlichen Unterkünften leben sehen, feiern Sie mit ihnen. Wahrscheinlich haben die Leute es geschafft, daß ihre dahinter liegende Siedlung des öffentlichen Wohnungsbaus nach jahrelangen Petitionen endlich renoviert wird. Daß sich die Bewohner während der Bauarbeiten auf der Straße davor installieren, hat den Vorteil, daß sich weder Schul- noch Arbeitsweg ändern. Zudem bietet das Verfahren Gewähr dafür, daß kein Unbefugter die frisch hergerichtete Wohnung bezieht. Mexikanisches Savoir-vivre.

Eine weitere attraktive Pforte für Seelen- und andere Forscher ist die des *Nacional Monte de Piedad* gegenüber der Kathedrale, dem größten Pfandleihhaus der Welt. Der *Monte* ist so groß, daß dem Personal schon mal versuchsweise Rollschuhe zur Überwindung der riesigen, gebäudeinternen Distanzen verpaßt wurden. (Der Versuch mußte allerdings abgebrochen werden, nachdem sich die Unfälle des großenteils betagten Personals häuften.) Die gemeinhin als Bank der armen Leute geltende Institution führt in ihren Vitrinen alles vor, was Glanz und Elend Mexikos ausmacht.

Eines ist Mexiko-Stadt zweifellos: groß. Ungefähr doppelt so groß wie das als sehr weitläufig geltende London mit dreimal so vielen Einwohnern. Straßennamen wiederholen sich dutzendfach, manchmal gibt es mehrere des gleichen Namens innerhalb desselben Stadtviertels. So heißen 181 Straßen *16 de septiembre* (mexikanischer Unabhängigkeitstag), *Benito Juárez* (der Gründer des modernen mexikanischen Staats) bringt es sogar auf 253 Straßentaufen, und immerhin 113 Verkehrswege nennen sich *Calle 1* (Straße eins). Exklusivität dagegen genießen *Fünfte Gewalt* oder *Strafrechtsreform*.

Da kann sich einer schon verlieren, und das passiert auch. Arturo hat das erlebt. 1968 war er als kleiner Junge mit seiner Mutter in einem fremden Stadtteil unterwegs. Ein Augenblick der Unachtsamkeit genügte: Plötzlich konnte Arturo seine Mutter nicht mehr finden. Er landete erst mal auf dem Büro der Verwaltung des Stadtteils. Deren Nachforschungen nach Arturos Familie blieben ergebnislos. Der Junge fand vorübergehend Unterschlupf bei Leuten, die ihn bald wieder loswerden wollten. Dann nahm ihn ein Bus-Chauffeur in seine Dienste. Das heißt, Arturo saß auf der Motorhaube und mußte an irgendeinem Draht ziehen, damit das Gefährt überhaupt fuhr. Von diesem Leben erlöste ihn die Großmutter unserer mexikanischen Bekannten. Sie nahm den Jungen in Obhut, schickte ihn zur Schule und gab ihm ein Zuhause, bis sich Arturo mit siebzehn einen Nachnamen und ein Geburtsdatum erfand, damit man ihn amtlich registrierte.

Es vergingen weitere zehn Jahre, bis der mittlerweile selbständige Feinmechaniker Arturo in einen Stadtteil geriet, der ihm seltsam bekannt vorkam. Er ging einige Straßen entlang – und fand schließlich das Haus, wo er geboren wurde. Fremde Leute wohnten da, die ihm mitteilten – daß seine Mutter vor zwei Monaten gestorben sei.

Diese Geschichte würde *so* seit kurzem nicht mehr passieren können, obwohl die Stadt noch weiter gewachsen ist. Einerseits haben inzwischen auch arme Leute Fernseher, andererseits hat die Stadtbehörde eine zentrale Abteilung geschaffen, die sich um die Lösung derartiger Fälle kümmert, von denen es monatlich rund dreißig gibt. Allerdings gehen heute nicht nur pro Tag ein Kind und zusätzlich zwei bis drei alte oder kranke Menschen *verloren*, sondern sie werden willentlich *ausgesetzt*, weil die Angehörigen sich nicht um sie kümmern wollen oder können.

Wer heute ein Büro in attraktiver Lage sucht, stößt auf drei favorisierte Zonen: Polanco, Reforma – und Santa Fé. Tatsächlich steht dort, wo noch vor wenigen Jahren die *pepenadores* im Dreck wühlten, ein schickes Geschäftsviertel. Unter denen, die ins ehemalige Reich der Abfallhaufen gezogen sind, befinden sich zum Beispiel der weltweit größte Fernseh- und Unterhaltungskonzern spanischer Sprache, *Televisa*, oder der Informatik-Riese *Hewlett Packard*. Auch die *Iberoamericana* – die renommierte Privatuniversität – hat ihren Campus in die Gegend verlegt, wo Pablo Tellez mit den Seinen gelebt hatte. *Santa Fé* ist salonfähig geworden.

Stillstand ist die Sache Mexikos nicht, in keiner Hinsicht. Doch die Bevölkerung explodiert, wenn überhaupt, nur noch in Zeitlupe. Zwar wächst sie, in absoluten Zahlen, noch immer. Doch eine Trendwende ist in Sicht. Die Einwohnerzahl des Stadtzentrums hat sich innerhalb der letzten zwanzig Jahre fast auf die Hälfte reduziert. Und vor allem: Zum erstenmal ist die

Zahl derer, die aus dem Großraum Mexiko-Stadt wegziehen, größer als das Heer der Immigranten.

Der weiche Unterbau hingegen ist weiterhin Sorgenkind der Stadtbehörden. Einerseits macht der unstabile Grund Mexiko zur leichten Beute von Erdbeben. Andererseits verdichtet die absinkende Stadt den Boden, der eigentlich als Wasserspeicher funktionieren sollte. Der *Palacio de Bellas Artes* senkt sich immerhin gleichmäßig Jahr für Jahr um um ein paar weitere Zentimeter in den ehemaligen Seegrund. Mehr Kopfzerbrechen bereitet die Kathedrale. In der ehrwürdigen Riesenkirche neigen sich die Mauern bald auf die eine, bald auf die andere Seite.

Zwei aber schauen diesem Prozeß immer entrückter zu: zum einen der *Angel de la Independencia*, das Denkmal der mexikanischen Unabhängigkeit, Wahrzeichen des Renommierboulevards *Reforma*, der Stadt überhaupt. Der ist auf festen Grund gebaut. Genau wie der *Templo Mayor*, die wichtigste Pyramide der Azteken. Während die von den spanischen Eroberern (und ihren Nachfolgern im Geiste) errichteten Renommierbauten langsam im Erdboden versinken, erhebt sich Ur-Mexiko wieder über die während Jahrhunderten geschundene Stadt. Ein goldener Engel und das Allerheiligste der Azteken ziehen gemeinsam, wenigstens symbolisch, Mexiko aus dem Sumpf.

Amerikanische Antike

Mexiko für Menschenfresser

Ich will als Augenzeuge beschreiben, was ich selbst sah, ohne die Tatsachen in irgendeiner Weise zu verdrehen.

Von den fünfhundertfünfzig Soldaten, die unter Cortés von der Insel Kuba nach Neuspanien segelten, sind bis zu diesem Jahr 1568, in dem ich meinen Bericht niederschreibe, nicht mehr als fünf noch am Leben.

Wer in die Gewalt der feindlichen Indianer kam, wurde den Idolen geopfert, und die anderen sind ihren Tod gestorben. Wenn ihr mich fragt, wo sie ihre Gräber haben, sage ich, daß es die Bäuche der Indianer sind, die ihre Beine, Schenkel, Arme, fleischigen Glieder, Füße und Hände aßen. Das übrige wurde begraben. Ihren Leib warf man den Tigern, Schlangen und Raubvögeln vor, die man in jener Zeit, um Staat damit zu machen, in festen Häusern hielt, und jene Tiere wurden ihre Gräber. Ihre Namen müßten mit goldenen Lettern geschrieben sein; denn sie starben jenen grausamsten Tod, um Gott und seiner Majestät zu dienen und denen Licht zu bringen, die in der Finsternis waren.

So steht es am Anfang der »*Wahrhaften Geschichte der Entdeckung und Eroberung Mexikos*«. Geschrieben hat diese Chronik der Spanier Bernal Díaz del Castillo, einer der engsten Vertrauten von Hernán Cortés. Bernal Díaz entwirft in seinem Bericht, den er erst ein halbes Jahrhundert nach den Ereignissen und mit bemerkenswerten

84 Jahren verfaßte, ein fruchterregendes Bild der Menschen auf dem »neuen« Kontinent. Er läßt kaum eine Gelegenheit aus, die Ureinwohner Amerikas als Barbaren darzustellen, als gefährliche Monster. Damit rückt er sie, ob bewußt oder unbewußt, in die Nähe der europäischen Sündenböcke der damaligen Zeit, der ebenso verteufelten Hexen und Juden. Allen sind dieselben Attribute mehr oder weniger gemeinsam: von Satan besessene Kreaturen, blutrünstige Kinderschänder und gewohnheitsmäßige Menschenfresser. Bernal Díaz beschreibt das zeitweilig in einer solchen Detailfreude, daß man sich über sein erstaunliches Gedächtnis ein wenig wundert.

Den spanischen Eroberern lag viel daran, ihre eigene Edelmütigkeit und Rechtschaffenheit unter Beweis zu stellen. Immer mehr gerieten ihre »Heldentaten«, mit denen sie in der Folge der Entdeckung und Eroberung den Genozid eines riesigen Volkes verursachten, selbst in Spanien unter Beschuß. Der siegreiche Cortés hatte viele Feinde. Es lag ein Haftbefehl gegen ihn vor, weil er seine Befugnisse bei weitem überschritten, unerlaubte Städtegründungen vorgenommen und sich unrechtmäßig bereichert hatte. Es bestanden durchaus Gesetze zum Schutz der Indios, die die Amerikahelden in einige Bedrängnis hätten bringen können. So verfaßten Cortés und seine Kumpane Traktate, sogenannte Erlebnisberichte und *códices*, die auf fingierten Augenzeugenberichten beruhen und die eigenen »Heldentaten« möglichst überhöhen: Mit einer Schar edelmütiger Leute eroberten sie einen halben wilden Kontinent voller barbarischer Menschenfresser und führten diese Gott und der Zivilisation zu. Dieses Bild zu erhalten war enorm wichtig für die selbsternannten neuen Herren der eroberten Völker, da die Indios nur so weiterhin als unentgeltliche Arbeitstiere benutzt werden konnten. Mit diesem »Schatz« hielten sich die Spanier schadlos für das erhoffte Gold, das es in Mexiko kaum gab. Man ließ die Indios schuften, bis sie zusammenbrachen vor Hunger und vor Schwäche, wechselte sie aus – und wurde reich. Der Massenmord in der »Neuen« Welt war in erster Linie das Resultat beispielloser Profitgier.

Wie erfolgreich die Spanier mit ihren Schauermärchen waren, zeigt die Tatsache, daß sich die Gerüchte und Lügen bis heute erhalten haben: Die Ureinwohner Amerikas hätten in rauhen Mengen Menschen geopfert und sie aufgegessen, steht noch allzuoft zu lesen. Selbst nüchterne Wissenschaftler und Experten beten die Geschichten erstaunlicherweise nach, ohne den Wahrheitsgehalt zu hinterfragen und ohne die Quellen kritisch zu beleuchten. Uns scheint dies ein bemerkenswertes Phänomen. Fachpublikationen, Reisebücher, Kunstführer und Schulfibeln repetieren tausendfach willig den aus dem Mittelalter stammenden Rufmord und verfestigen durch jahrhundertelange Wiederholung Vorurteile zu Allgemeinwissen, zu scheinbaren Tatsachen. Tatsachen? Gestatten Sie uns, mit diesem letzten Kapitel den Rahmen des Buches zu sprengen und das Phänomen genauer zu beleuchten.

Eine Frage wert ist bereits der Begriff der sogenannten »Neuen« Welt. Neu? Der Ausdruck ist so vermessen und borniert, als wenn Hunnen oder Mauren nach Europa gekommen wären und von einem »leeren« Kontinent geschwafelt hätten, das »Heilige Römische Reich

Deutscher Nation« zum Beispiel ignorierend. Amerika war zur Zeit der spanischen Einfälle relativ dicht besiedelt und hatte eine blühende Antike gekannt, die Vergleichen mit Römern und Griechen standhält. Es gab bereits ein hochdifferenziertes Staats- und Rechtswesen, eine ausgefeilte Astronomie und Mathematik, die mit der Null und Kommastellen operierte (lange vor den Europäern), eine Vorstellung der Erde als Teil eines sich stetig bewegenden Kosmos. Das alles zu einer Zeit, als sich die Europäer in ihrer starren Welt noch vor den Abgründen an den Rändern der Erdscheibe fürchteten. Amerika kannte das Rad und die Verarbeitung von Metallen, obwohl beides seltsamerweise kaum verwendet wurde (die Verwendung des Rads ist einzig bekannt bei Kinderspielzeug: kleine Tiere auf vier Rädern aus Ton), es gab einen effizienten überregionalen Handel und eine Art internationalen Nachrichtendienst (die Azteken wußten mit Sicherheit schon viele Jahre vor deren Ankunft in Mexiko, daß da Fremde an der Golfküste der Bevölkerung Scharmützel lieferten, sie wußten wohl ziemlich detailliert Bescheid über die Spanier, bevor sie diesen gegenüberstanden, und sie waren höchstwahrscheinlich alles andere als von Götterfurcht erfüllt, als sie die Spanier zum erstenmal sahen, wie es Cortés und seine Kumpanen gerne eitel betonten, um sich selbst zu erhöhen); es gab eine Dichtkunst, eine Architektur, die größere, schönere Städte baute, als die meisten europäischen; man kannte die Vorteile der Hygiene, desinfizierte den Körper wöchentlich und bei besonderen Gelegenheiten in Dampfbädern, während die schmuddligen Europäer ihre Fäkalien und sonstigen Abfälle auf die Straße kippten; es gab eine erstaunliche, aus uralten Zeiten überlieferte Medizin (schließlich kamen die Indianer aus Asien, woher die älteste Heilkunst stammt), es gab Spitäler, Mineralbäder und Heilmethoden, deren Wirksamkeit die kruden Schröpf- und Aderlaßpraktiken der europäischen Quacksalber bei weitem übertraf; es gab hochkomplexe Schriften, eine Mal- und Bilderhauerkunst, die es in ihrer harmonischen Sicherheit mit griechischen Idealen aufnimmt, in ihrer Fähigkeit zur Abstraktion und Vereinfachung an Picasso und die Seinen erinnert und alles andere als nur schrecklich ist, sondern in höchstem Maße auch witzig. (Es gibt Darstellungen auf Gefäßen der Mayaklassik, die den Asterixheften als Vorlage gedient zu haben scheinen.) Kurzum, Amerika war alles andere als ein leeres, unbeschriebenes Blatt – und schon gar nicht »neu«.

Vor ungefähr 35 000 Jahren kamen die ersten asiatischen Einwanderer über die Beringstraße auf das amerikanische Festland, nach Alaska. Man nimmt an, daß die lediglich achtzig Kilometer breite und nur fünfzig Meter tiefe Beringstraße zeitweise vereiste, so daß eine Überquerung gut möglich war. Vielleicht merkten die Einwanderer gar nicht, daß sie einen »neuen« Kontinent betraten, da durch das Eis topographisch kaum ein Unterschied bestand. In einem langsamen Prozeß, in dem sie ihre Kulturen kontinuierlich der Umgebung anpaßten, wanderten die Nomadenstämme Richtung Süden und erreichten vor 21 000 Jahren das mexikanische Hochland. Es dauerte noch weitere 12 000 Jahre, bis sie Patagonien bevölkerten. (Nach neuesten Funden ist jedoch nicht auszuschließen, daß Amerika schon vor der Einwanderung aus Asien besiedelt war.) Ungefähr 3500 v. Chr. begann man Mais zu kultivieren, und die ersten Völker wurden seßhaft.

Die älteste Kultur Mesoamerikas, die eigentliche Mutterkultur der mesoamerikanischen Zivilisation, ist die der Olmeken. Die Olmeken lebten – ein Volk von erstaunlichen 350000 Menschen – ab etwa 1500 v. Chr. an der Golfküste in der Gegend von Veracruz und im heutigen Bundesstaat Guerrero. In fast allen späteren prähispanischen Kulturen finden sich ihre deutlichen Spuren. Trotzdem weiß man wenig über sie. Es gibt von den Olmeken, im Gegensatz etwa zu den Maya oder Azteken, heute keine Nachfahren mehr; man hat von diesem Volk bisher auch keinerlei menschliche Überreste gefunden. Die Olmeken waren noch keine großen Städtebauer. Ihr Erbe besteht neben unzähligen höchst kunstvollen Stelen und Steinfiguren, neben Schmuck und Keramik, aus siebzehn gigantischen, lächelnden Basaltköpfen mit Lederhelmen und ohne Rümpfe, die viele Rätsel aufgeben. Wie transportierten diese Ureinwohner die bis zu fünfzig Tonnen schweren, teilweise über drei Meter hohen Steinbrocken aus der hundert Kilometer entfernten westlichen Sierra an die Golfküste bei Veracruz, an der es keine solche Steine gibt? Was bedeuteten Köpfe ohne Rümpfe den Olmeken? Und warum gleichen ihre Züge in keiner Weise der Physiognomie der übrigen Völker Mesoamerikas, sondern wirken ausgesprochen negroid? Die rätselhaften Olmeken brachten nicht nur die Kunst der Steinskulptur zu einer Perfektion, die in Mesoamerika später kaum mehr übertroffen wurde, sie rechneten auch bereits mit komplizierten mathematischen Funktionen und erfanden die

Null, als die Römer sich mit dem Zählen von Strichen herumplagten. Die Olmeken trieben weitreichenden Handel, vom zentralen mexikanischen Hochland bis ins heutige El Salvador. Auf sie geht der ausgeklügelte astronomische Kalender der mesoamerikanischen Völker zurück. Auch Quetzalcóatl, gefiederte Schlange und Urvater der Götterwelt, und der Jaguar, der Tlaloc verkörpert, Gott des Regens und der Fruchtbarkeit, gehörten bereits zum olmekischen Pantheon und behaupteten sich quer durch alle Kulturen bis in die Zeit der Eroberung. Ungefähr vierhundert Jahre vor Christus zerbrach die olmekische Welt.

Auf ihren Trümmern entstand im zentralen Hochland eine grandiose erste Stadt von gigantischen Dimensionen: fünfundzwanzig Quadratkilometer Fläche und etwa eine Viertelmillion Einwohner. Mit Teotihuacán, dem Ort, wo die Götter und die Zeichen geschaffen wurden, konnte es im Europa der damaligen Zeit höchstens Konstantinopel aufnehmen. Keine andere Stadt Europas hatte mehr als zwanzigtausend Einwohner und keine war so kosmopolitisch. Teotihuacán war damals wohl die größte Stadt der Welt; und vielleicht auch die schönste. Am Fuße eines erloschenen Vulkans gelegen, in der sonst weiten Ebene des Hochlandes in dessen schützenden Schoß gelehnt, breiteten sich wunderschöne Plätze, farbenprächtige Gebäude (von denen heute nur noch die nackten Steinmauern zu sehen sind), eine kilometerlange, vierzig Meter breite Prachtstraße und zwei gigantische Pyramiden von ausgesuchter Harmonie aus. Am Bau der Sonnenpyramide, die mächtiger ist als die Cheopspyramide in Ägypten, mußten über zehntausend Leute zwanzig Jahre lang gearbeitet haben. Teotihuacán behauptete seine Vormachtstellung nicht in erster Linie durch Kriege, sondern durch diplomatische Beziehungen, geschickte Heiratspolitik und intensiven Handel. Der Hauptgott des theokratischen Stadtstaates war Quetzalcóatl, einer der friedlichsten Götter der mesoamerikanischen Welt. Verschiedene Kulturen lebten in der Stadt harmonisch beieinander. Es gab Einwandererviertel, vergleichbar dem heutigen Soho in New York. So prägten zum Beispiel die Zapoteken aus Monte Albán, das im südlichen Oaxaca liegt, einen Stadtteil mit ihrem eigenen Baustil. Teotihuacán war wohl so etwas wie *die* In-Stadt jener Zeit, selbst die über tausend Kilometer entfernten Maya kleideten sich nach der Art von Teotihuacán. Die Megapolis setzte etwa während eines halben Jahrtausends Maßstäbe.

Teotihuacán wurde auch nach seinem Niedergang nie ganz verlassen und blieb über Jahrhunderte ein Pilgerort. Der Aztekenkaiser Moctezuma unternahm später regelmäßige Wallfahrten zu der nunmehr stillen Stadtanlage und bat die alten Götter um ihre Gunst. Noch heute pilgern – neben den gewöhnlichen Touristen – jährlich Zehntausende von Menschen zur Zeit der Frühlingssonnwende auf die Sonnenpyramide und verursachen in der inzwischen dörflichen Gegend am Rand von Mexiko-Stadt ein unglaubliches Verkehrschaos.

Einer der vielen Besucher war Jack Kerouac, der Dichter der Beat-Generation, den auf der Sonnenpyramide eine wüste Vision heimsuchte: *Das hier war die Pyramide des Schreckens, wo sie das Opfer nach hinten über ein steinernes Becken bogen, eine Herzschere ansetzten, ihm mit ein paar Schnitten das schlagende Herz herausholten, es zur Sonne emporhoben und dann aufaßen. Monströse Priester, die nicht einmal einen Schimmer davon hatten, daß so was auch in effigie genügt. Heute, im modernen Mexiko, essen die Kinder zu Allerheiligen Herzen und Schädel aus Schokolade.* (Da haben wir sie, einmal mehr, die barbarischen Indianer. Sind tatsächlich nur Kinder, die Kinder im *modernen* Mexiko, zivilisierter? Wir werden sehen.)

Um 800 n. Chr. wurde der Stadtstaat von nomadischen Völkern überfallen, niedergebrannt und in vandalisch anmutender Zerstörungswut beschädigt; die Einwohner wurden umgebracht oder vertrieben. Obwohl die Spuren dieses Überfalls heute noch sichtbar sind, gewinnt man, vor allem wenn man die Stadt am frühen Morgen besucht, eine Ahnung von der Erhabenheit und Schönheit dieses geheimnisvollen Ortes, dieser frühzeitlichen ersten Weltstadt, wo man von der Spitze der Sonnenpyramide aus über das karge Land in der Ferne das Glitzern des Texcoco-Sees gesehen haben mag, jenes Sees, auf dessen Inseln die letzte der phantastischen Städte Mesoamerikas, Tenochtitlán (das heutige Mexiko-Stadt), noch in einem vorgeburtlichen Traum lag.

Mit Teotihuacán in engster Verbindung standen, neben den Zapoteken von Monte Albán, die Mayavölker auf der Halbinsel Yucatán im tropischen Süden Mexikos. Die Maya sind eine der vielen außerordentlichen Hochkulturen Mesoamerikas, und sie sind wahrscheinlich die besterforschte. Nicht nur gibt es von den Maya immerhin noch vier originale Handschriften, es gibt vor allem auch noch Nachfahren, die immer stärker zur Entschlüsselung der vielen Rätsel beitragen. (Eine prominente

Maya, die auf die existentiellen Probleme dieses alten Volkes aufmerksam macht, ist die Friedensnobelpreisträgerin Rigoberta Menchu.) Zudem weckten die unzugänglichen, von Urwald überwucherten Tempelstädte voller ungehobener Schätze, die man seit dem 19. Jahrhundert nach und nach wieder entdeckte, zu allen Zeiten einen abenteuerlichen Forschergeist. (Wenn Sie übrigens Lust verspüren, neben gar heftig besuchten Ruinenstädten wie Palenque oder Chichén Itzá einen Hauch jenes Pioniergefühls zu erleben, nehmen Sie sich drei Tage Zeit und fahren mit einem kleinen Boot über den Fluß Usumacinta zur versunkenen Mayastadt Yaxchilán mitten im Urwald, weitab von Straßen oder Touristenpfaden. Sie werden dort Ihr Mayaerlebnis lediglich mit ein paar Brüllaffen teilen müssen.)

Heute ist die Mayaforschung, nicht zuletzt dank des deutschen Forschers Nikolai Grube (der mit einer Maya verheiratet ist) dabei, die Geheimnisse um die Hieroglyphenschrift zu lüften und damit ein weiteres Stück der im dunkeln liegenden Geschichte des amerikanischen Kontinents zu erhellen.

Die Zivilisationen der Maya existierten ungefähr von 1000 v. Chr. bis 1000 n. Chr. in Yucatán und Chiapas im mexikanischen Süden sowie im Gebiet des heutigen Guatemala und Honduras. Die Maya waren ein hochkomplexes, außerordentlich künstlerisches Volk, vielleicht eine Art Griechen Mesoamerikas. Sie besaßen eine Schrift, von der Nikolai Grube sagt, sie sei *eine der erstaunlichsten intellektuellen Leistungen, die je ein indianisches Volk hervorgebracht hat. In ihrer Perfektion und Ausdrucksstärke steht sie unserer Alphabetschrift in keiner Weise nach. Ihre Bildhaftigkeit ist von beeindruckender Schönheit.* Die

Maya schrieben nicht nur mit siebenhundert Zeichen, sie waren ebenso erstaunliche Astronomen, verwendeten eine Mathematik mit der Null und Kommastellen wie die Olmeken; sie müssen Anbaumethoden gekannt haben, die über den üblichen Brandrodungsanbau hinausgingen und ihnen gestatteten, unproduktive Stände wie Priester und Adelige zu ernähren; sie waren durch ein ausgeklügeltes Handelssystem mit vielen anderen Städten vernetzt, waren wohlhabend, sinnlich und kreativ. Leider sind auch von ihnen, außer den vier Handschriften, ein paar posthumen *códices* und den unzähligen Inschriften auf Denkmälern und Palästen (die über das alltägliche Leben wohl etwa so viel verraten wie die Inschriften auf unseren Heldenmonumenten) keine Originalquellen erhalten, da die spanischen Inquisitoren auch bei den Maya peinlich genau aufräumten und alles vernichteten, was sie nicht verstanden: Teufelswerk. Man könnte wirklich manchmal aus der Haut fahren (bitte nehmen Sie dies nicht wörtlich ...), wenn man sich ausmalt, was für ein uraltes Wissen dabei zur Hölle fuhr. Den Rest besorgten Grabräuber. Leider hatten die Maya und alle anderen mesoamerikanischen Kulturen nicht das Glück der Europäer, deren antikes Kulturgut die Moslems in ihren Bibliotheken über Jahrhunderte sorgsam hüteten, so daß es just in der Renaissance, also zu jener Zeit, in der die Spanier Amerika verwüsteten, wieder ans Licht kommen konnte. Die amerikanische Antike hat beklagenswerterweise niemand gerettet.

Um ca. 900 n. Chr. begann in fast allen Mayazentren gleichzeitig ein rasanter Niedergang aus bisher noch ungeklärten Gründen, und innerhalb weniger Jahrzehnte blieb vom Leben in diesen blühenden Städten nurmehr ein Schatten. Es ist möglich, daß der Untergang Teotihuacáns hundert Jahre zuvor damit zu tun hatte, daß mit der Zerstörung dieses alles überragenden Zentrums ein Lebensnerv getroffen worden war. Vielleicht begann sich ein feinmaschiges Beziehungsnetz langsam und immer schneller aufzulösen, bis es ganz kollabierte; die großen Städte waren kaum in der Lage, sich isoliert am Leben zu erhalten. Es fällt jedenfalls auf, daß im Gefolge des Todes Teotihuacáns nicht nur die Maya, sondern nur wenig später auch Monte Albán in Oaxaca und die El-Tajín-Kultur an der Golfküste untergingen.

Um 1300 kam noch einmal ein Volk zur Blüte. Die Mexicas, Namensgeber der heutigen Nation, fielen ins Hochland von Mexiko ein und wurden von den bereits Ansässigen auf ein paar schlammige Inseln im See von Texcoco verdrängt. Statt sich dort auf ein ärmliches Leben als Fischer zu beschränken, bastelten die Azteken, wie sie heute allgemein genannt werden, an einer der überragendsten Zivilisationen der Geschichte. In weniger als zweihundert Jahren entstand auf dem unwegsamen, sumpfigen Gelände eine wunderschöne Stadt, Tenochtitlán, das »Venedig Amerikas«, bei dessen Anblick selbst den spanischen Haudegen die Spucke wegblieb. (Wenn Sie anschauen möchten, was diese zerstörten: Im *Museo Nacional de Antropología* in der Hauptstadt sind sowohl Teotihuacán wie Tenochtitlán auferstanden, als Gipsmodelle.)

Um ihre Stadt im abflußlosen See während der Regenzeit vor Überflutungen zu schützen, bauten die Azteken einen sechzehn Kilometer langen Damm. Dahinter legten sie schwimmende Gärten an, die äußerst fruchtbaren *chinampas*, anhand derer sie ihre Anbauflächen wesentlich vergrößerten und von denen sie bis zu dreimal jährlich ernteten. Ein winziger Teil davon ist bis heute in Xochimilco im Süden der Hauptstadt erhalten geblieben. Aquädukte versorgten die Stadt im Salzsee mit Trinkwasser. Ein Recycling-System transportierte organische Abfälle und Fäkalien aus der Metropole, damit sie auf den Feldern als Dünger verwendet werden konnten. Tenochtitlán war so sauber, daß man von seinen Straßen hätte essen können, wie ein Chronist verwundert feststellt. Da gab es einen herrlichen Kaiser, Moctezuma, der täglich aus dreihundert Gerichten auswählte, sich mehrmals am Tag badete und zum Essen Servietten benutzte. Sein Lieblingsgericht sei Knabenfleisch gewesen.

Der Chronist Bernal Díaz erwähnt das und fügt gleich noch hinzu, wohl um seinem Chef Hernán Cortés ein weiteres Mal Reverenz zu erweisen: *Ich weiß jedoch, daß Moctezuma befohlen hat, ihm keine solchen Gerichte mehr vorzusetzen, nachdem Cortés ihm wegen der Menschenopfer und der Menschenfresserei Vorwürfe gemacht hat.*

Faszination und Ekel: immer beschleicht einen diese seltsame Gefühlsmischung, wenn man die Berichte aus der Zeit der Eroberung liest. Bewunderung für die großen Leistungen der sogenannten primitiven Indianer und Befremden voller Schauder, wenn man bei den zahlreichen Beschreibungen der bestialischen, dekadenten Riten anlangt, die sie gepflegt haben sollen. Die Briefe von Cortés an den spanischen Hof, die berühmte Chronik des Bernal Díaz, aus der das Zitat am Anfang des Kapitels stammt, die posthumen, auf mündlicher

Überlieferung beruhenden Aufzeichnungen des Fray Bernardino de Sahagún oder – nachweislich – sämtliche historischen Abhandlungen aus späterer Zeit: sie sind alle gespickt mit blutrünstigen Beschreibungen jener unglaublichen Zeremonien.

Allein in Tenochtitlán, der aztekischen Hauptstadt, sollen jährlich 15000 Menschen in grauenvollen Blutorgien den Göttern geopfert und verspeist worden sein. Kein Volk auf der ganzen Erde hat derart unmenschliche, unvorstellbare Gebräuche zur einzigen glückbringenden Religion erhoben. Nicht mal die spanische Inquisition mit ihren Folterungen und Hinrichtungen hätte den von den Eroberern beschriebenen Praktiken das Wasser reichen können. Es fällt einem schwer zu glauben, daß so hochzivilisierte, der Schönheit ergebene Ästheten wie die Maya und die Azteken derart ekelerregende Rituale – Schlächtereien, Zerstükkelungen, Häutungen und was sich ein krankes menschliches Hirn sonst noch alles ausdenken kann – für normal hielten. Es ist schwer verständlich, daß solche Praktiken nicht etwa außerordentlichen Streßsituationen in der Geschichte zugeschrieben werden, sondern über Jahrhunderte an der Tagesordnung gewesen sein sollen; sozusagen ein defektes Gen auf der DNS der indianischen Rasse, das sie als einziges Volk der Erde »befähigt«, ohne mit der Wimper zu zucken, ihresgleichen über Jahrhunderte massenweise abzuschlachten: als seien sie – eben – keine richtigen Menschen. Heute übt man sich zwar – politisch korrekt – in Toleranz, hütet sich vor sogenannten Vorurteilen anderen Gebräuchen gegenüber und hat – mit Gänsehaut – Verständnis für »andere Völker – andere Sitten«.

Die Wissenschaft läßt sich bis heute nicht minder lumpen und wartet auf mit absurden Erklärungen für absurde Praktiken. Die geistreichen Hypothesen reichen vom Zuführen von Proteinen für die eiweißarme Diät der Azteken durch Menschenfleisch (wohl weil die Indianer vor dem Eintreffen der Spanier keine Hühnereier und kein Großvieh kannten, sondern lediglich Fisch, Wild, Bohnen etc. ...) bis hin zur These, man habe die Bevölkerungszahl in den überbordenden Städten anhand von institutionalisierten Morden reguliert. Auch die etwas vernünftiger klingende Hypothese, daß den Indianern das irdische Leben allgemein wenig bedeutet habe, das Leben nach dem Tod jedoch viel, scheint uns arg abstrakt: Auch die Christen kennen das verheißungsvolle Jenseits im Gegensatz zum hiesigen Jammertal. Welche Religion auch immer den Ton angeben mag: *Alle* Menschen leben prinzipiell lieber, als daß sie sterben, und nur unter ganz besonderen Umständen kehrt sich dieses Grundprinzip allen Seins in sein Gegenteil. Daß sich die indianischen Völker ungebremst über Jahrhunderte aufgeführt haben sollen wie fanatische Sektierer und perverse Extremisten – oder eben wie Wesen ohne Seele und Vernunft, wie die Spanier behaupteten –, das glauben erstaunlicherweise bis zum heutigen Tag nicht nur phantasiebegabte Schriftsteller, sondern ebenso nüchterne Wissenschaftler und nicht zuletzt die Mexikaner selbst.

Großen Zweifel an dieser Mär meldete jedoch bereits vor Jahrhunderten ein Zeitgenosse der Eroberer an, ohne daß ihm je viel Gehör geschenkt worden wäre. Bartolomé de las Casas, Dominikanermönch und erster

Bischof von Chiapas, könnte man auch als ersten Befreiungstheologen bezeichnen. De las Casas setzte sich beim spanischen Hof vehement für die Indios ein. Er erkämpfte für sie das Recht, sich Menschen nennen zu dürfen. Sein Zeugnis scheint mindestens so glaubwürdig wie das der Eroberer, weil er nicht im eigenen Interesse neue Wahrheiten erfinden mußte, sondern lediglich die Unterdrückten in ein gerechteres Bild setzen wollte. Er schreibt 1542 in seinem *»Kurzen Bericht von der Zerstörung Neuspaniens«* unerschrockene Worte:

Im Jahre 1518 machten sich jene, die sich Christen nennen, auf nach Neuspanien, um zu morden und zu plündern. Sie sagen dem ›besiedeln‹. Sie nennen ›Eroberung‹, was in Wahrheit nichts als gewalttätige Überfälle brutaler Tyrannen sind: solches verbieten nicht nur Gottes Gesetze, sondern alle Gesetze der Menschheit. ... Bezüglich des Menschenopferns und -essens, wie López de Gomara [ein weiterer »Kronzeuge« der kolonialistischen Propaganda] *erzählt, glaube ich, daß es nicht wahr ist, weil ich stets in diesem Königreich Yucatán hörte, es gebe weder Menschenopfer, noch wisse man überhaupt, daß man Menschenfleisch essen könne. Gomara behauptet dies, ohne daß er es je selber gesehen noch gehört hat, außer aus dem Munde von Cortés, seinem Herrn und Brotgeber, ohne den er völlig machtlos ist und in dessen Gunst er daher stehen will und dessen Schandtaten zu rechtfertigen ihm Vorteile verschafft. Es ist nichts anderes als Verleumdung.*

Erst nach langen fünfhundert Jahren hat sich endlich jemand ernsthaft die Frage gestellt, ob an diesem Vorwurf etwas Wahres, etwas *nachweislich* Wahres, sei. Peter Hassler, Schweizer Religionsethnologe und Amerikanist, wagte einen Gedanken gegen den Strom und setzte hinter den Titel seiner quellenkritischen Analyse zum Thema *»Menschenopfer bei den Azteken?«* – ein Fragezeichen. Er nahm die längst zu Allgemeinwissen versteinerten Behauptungen der Eroberer, Chronisten und Padres unter eine starke Lupe und kam zu aufsehenerregenden Resultaten, die derart auf der Hand liegen, daß man sich beschämt fragt, warum man nicht selber draufgekommen sei.

Als erstes entlarvt er die sogenannten Augenzeugenberichte von Cortés und Bernal Díaz als reine Erfindung, ganz einfach indem er selber *nachprüft*, was sie beschreiben. Hassler stellt fest, daß der Punkt, von dem aus die beiden Spanier Menschenopfer beobachtet haben wollen, mindestens sechs Kilometer von dem in ihren Berichten genannten Schauplatz entfernt war. Die Beschreibungen sind jedoch, wenn auch auffallend stereotyp, so detailliert, als wären die Schreiber unmittelbar daneben gestanden. Man hat den Eindruck, daß die Spanier mit größter Absicht etwas Erfundenes oder allerhöchstens Gehörtes als Tatsache darstellten. Nichtsdestotrotz galten ihre Berichte allen späteren Untersuchungen als verläßliche Quellen aus erster Hand.

Hassler nahm auch die Beschreibungen der Opfertechniken akribisch aufs Korn. Dabei stellte er fest, daß diese ausnahmslos sehr vage sind, sich aber im wenigen, das sie aussagen, überraschend ähneln, als stammten sie allesamt aus der gleichen Quelle. Was noch mehr erstaunt, ist, daß die überall beschriebene Vorgehensweise der Priester medizinisch *so* nicht möglich ist. Mit spröden Obsidianmessern zersägt man keine Brustbeine oder Rippen. Ohne Rippenklammern »reißt« man kein »noch zuckendes Herz« zwischen den Rippen hervor, schon gar nicht aus einem unnarkotisierten Opfer. Rippenklammern oder etwas Ähnliches hat man jedoch nirgends gefunden, auch keine Darstellungen davon, ebensowenig Skelette, die typische Deformationen aufweisen würden. Ebenfalls bisher nicht gefunden hat man die Massendeponien der *Millionen* von Opfern, die den Priestern unter die Steinmesserchen gefallen sein sollen – allein bei der Einweihung des *Templo Mayor* in Tenochtitlán 1487 hätten es über 80000 gewesen sein sollen.

Weiter prüfte Hassler nach, daß das Menschenschinden, wie es gerne beschrieben und in vielen Kodizes dargestellt wurde (beliebter Stoff auch für »historische« Romane), auf diese Weise nicht möglich ist: Man kann einem Menschen die Haut nicht mit einem Schnitt am Rücken sozusagen ruckzuck abziehen, schon gar nicht mit allen Details wie etwa Fingern, Zehen und Gemächte, und sie sich gleich selber überziehen, um darin zu tanzen, als wäre es ein *Kostüm* (was es vielleicht tatsächlich war).

Auch von den riesigen Kochtöpfen, in denen tonnenweise zähe Spanier butterzart gegart worden seien, wie es verschiedene Kodizes »belegen«, fehlt bislang jede archäologische Spur.

Es gibt noch weitere, wenn auch weniger blutrünstige Auffälligkeiten: Zum Beispiel existiert im Aztekischen, dem heutigen Náhuatl, kein spezifischer Begriff für »Menschenopfer«, obwohl die Sprache sonst, vor allem im sakralen Bereich, ausgesprochen detailfreudig ist. Zudem ist diese Sprache fast einmalig in der Fülle ihrer blumigen Metaphern. Náhuatl ist eine Bildersprache. Die Bilder einer fremden Sprache richtig zu verstehen ist sehr schwierig (jeder Übersetzer kann ein Lied davon singen), sie wörtlich zu nehmen ist grotesk, aber verständlich, wenn man an die einfach gestrickten Eroberer denkt. Daß allerdings heutige Experten immer noch keinen Schimmer von den Spielmöglichkeiten der menschlichen Sprachen zu haben scheinen, ist schon sehr erstaunlich. Selbst das vergleichsweise prosaische Deutsch benutzt Metaphern wie »jemandem die Haut über die Ohren ziehen«, »aus der Haut fahren«, »in jemandes Haut stekken«, »das Herz rutscht in die Hose« oder »zum Fressen gern haben« – daran können sich dann dereinst ein paar grüne Männchen die Zähne ausbeißen...

Bilder, Metaphern, Allegorien sind eine Möglichkeit, komplexe innere Vorgänge auszudrücken, Dinge, für die es keine exakten Worte gibt. Sie sind auch eine Möglichkeit der Unterhaltung. Jede Art von Kunst, Literatur, jede Liturgie basiert darauf, überall auf der Welt. Warum sollen es die alten Indios da anders gehalten haben? Was würde wohl rauskommen, wenn die Zeichen, die unsere Kultur hinterläßt, von irgendwelchen Fremden, in naiver oder böser Absicht, »wörtlich« interpretiert würden? Was für ein merkwürdiger Horrorzirkus würde da Revue passieren: Rodins Höllentor, Goethes »Zauberlehrling«, Spielbergs »Jurassic Park«, Janoschs freche Viecher, Francis Bacons blutige, geschundene Menschenleiber an Fleischerhaken, Dalís absurde Wesen, die *Love-Parades* der Techno-Anhänger in Zürich und Berlin mit ihren mehreren hunderttausend schrill ausstaffierten Teilnehmern, um nur mit einem winzigen, beliebigen Bruchteil anzufangen.

Aber was bedeuten die Darstellungen von »Menschenopfern« dann? Was bedeuten die sogenannten »Blumenkriege«, bei denen die Azteken ausgezogen sein sollen, frisches Blut in Form von Gefangenen zu gewinnen?

Peter Hassler legt sehr plausibel dar, daß es auch bei den Indianern, wie bei allen Völkern der Erde, *symbolische* rituelle Handlungen gegeben hat. Wie die katholischen Priester auch nicht wirklich Fleisch essen und Blut trinken, obwohl sie dies in ihrer Liturgie behaupten, haben wohl auch die indianischen Priester ihre Opferung nur symbolisch vollzogen (»in effigie«, wie es Kerouac erbost forderte). Die großen Menschenopferfeste waren vielleicht eine Art Mysterienspiele, die übrigens in ganz Lateinamerika heute noch sehr beliebt sind. Möglicherweise wurden da theatralische Opfer vollbracht oder Teigpuppen symbolisch zerstückelt und verspeist (in der Tat essen auch heute noch die Kinder zum Allerheiligenfest Herzen und Schädel aus Zucker und Schokolade).

Ausgerechnet Pater Sahagún, der sonst in seinen Aufzeichnungen mit blutigen Beschreibungen der Satansriten nicht geizt, beschreibt im Zusammenhang mit dem Fest für den Kriegsgott Huitzilopochtli in seinem »*Codex Florentinus*« einen solchen Vorgang:

Die Priester begannen, den Teig aus dem Samen der Meldepflanze zur Gestalt Huitzilopochtlis zu formen. So echte Züge liehen sie ihm, daß er dem Leib eines lebendigen Menschen glich. Dann hüllten sie ihn in den Mantel, der mit Schädeln und mit gekreuzten Totenknochen bemalt ist. Und darüber befestigten sie sein Wams, bestickt mit zerstückelten menschlichen Gliedmassen, mit Schädeln, Ohren, Herzen, Gedärmen, Rümpfen, Brüsten, Händen und Füßen. Sie legten ihm dann die Schambinde um, die sehr kostbar ist. Auch ihr Muster zeigt zerstückelte menschliche Glieder, sehr kunstvoll eingewebt. Und ein langes Stück Rindenpapier, mit strahlend-

blauen Querstreifen bemalt, flatterte von ihr herab. Seine Blutfahne aus Papier, mit roter Farbe bemalt, legten sie ihm um die Schultern. An ihrer Spitze trug sie das Abbild seines steinernen Opfermessers, das auch aus rotem Rindenpapier gemacht war und strahlte, als sei es in frisches Blut getaucht.

Noch heute findet man in den mexikanischen Kirchen jene kleinen Gliedmaßen aus Blech oder Papier, Brüste, Gedärme, Augen, Ohren, Herzen, die am Schleier der Jungfrau oder den Gewändern anderer Heiliger stecken oder auf hölzerne Kreuze genagelt sind, genau wie im »*Codex Florentinus*« des Pater Sahagún beschrieben. An anderer Stelle läßt der Pater allerdings die Schüler seiner Lateinschule – fünfzehnjährige, frisch konvertierte Aztekenknaben, die wohl nichts lieber wollten als vor ihrem neuen Gebieter mit gefügiger Gelehrigkeit glänzen – ausführlich von den barbarischen Menschenopfern berichten, die diese aufgrund ihres zarten Alters kaum je mit eigenen Augen gesehen haben konnten, davon allerhöchstens vom Hörensagen wußten, wie jedermann. Bis heute gilt jedoch der darauf beruhende »*Codex Florentinus*«, unter vielen anderen, als verläßliche Quelle – nicht etwa für Studien über symbolische Rituale, sondern als Beweis für Menschenopfer.

Und die »Blumenkriege«? Warum nicht eine Art Ritterturniere, bei denen zwar Gefangene gemacht wurden, jedoch ohne daß man sie metzelte? Warum nicht eine Art Manöver, um die Heere, von denen ein Großteil der aztekischen Macht abhing, auch während friedlicheren Zeiten fit zu halten? (Es wäre auch ganz pragmatisch ein Blödsinn gewesen, die Gefangenen umzubringen, statt sie als Arbeitskräfte einzusetzen, beim riesigen Bedarf, den die aztekische Gesellschaft hatte.)

Von Gerüchten befreite, vernünftige Antworten auf solche Fragen wird man erst erhalten, wenn die Geschichte Mesoamerikas in dieser Beziehung mit neuen, unvoreingenommenen Augen betrachtet wird. Wenn davon ausgegangen wird, daß es bisher *keinen einzigen* stichhaltigen Beweis und *nicht einen* wirklichen Augenzeugenbericht gibt, der Menschenopfer und dergleichen bei den Indianern belegt. Bis heute hat, wie Peter Hassler nachweist, nicht eine der Forschungsarbeiten zum Thema die Quellen von Grund auf hinterfragt, sondern es haben ausnahmslos alle die Gerüchte kolportiert, die die Spanier in Umlauf setzten. Deren Fluch scheint bis heute wirksam. Peter Hassler trifft mit seinen Untersuchungen ausgerechnet in Lateinamerika auf großen Widerstand – welcher der vielen Experten will schon einen peinlichen schwarzen Fleck eingestehen. In Spanien jedoch faßt seine These paradoxerweise allmählich Fuß. Und die *Neue Zürcher Zeitung* vermerkte enthusiastisch: *Die Amerika-Forschung wird in Zukunft, will sie ernst genommen werden, nicht mehr hinter die Ergebnisse Peter Hasslers zurückfallen können.*

Wenn Ihnen also in einer Tempelanlage Darstellungen von Szenen begegnen, die Menschenopfer sein könnten, betrachten Sie sie getrost *allegorisch*, bildhaft, etwa wie die schaurig schönen Gemälde Hieronymus Boschs oder eine mittelalterliche Herz-Jesu-Darstellung, wie die Märchen Gustave Perraults mit ihren Menschenfressern oder die Filme Federico Fellinis. Sie *berühren*, ohne daß man sie zu *verstehen* braucht, jedenfalls nicht analytisch. Lassen Sie sich überraschen von Bildern aus einer längst versunkenen Welt, die uns weitaus verwandter ist, als wir zu glauben wagten, und deren künstlerische Sprache wir durchaus nachvollziehen können. Lassen Sie davon Ihre Phantasie anregen, so wie die Parabeln der Bibel Sie beflügeln, und interpretieren Sie die Darstellungen, wie man *alle* Kunst interpretieren darf, frei und assoziativ. Dann wird aus den befremdlichen Schlächtergeschichten, die die unbedarften, profitgierigen Soldaten und die wahnsinnigen inquisitorischen Priester der indianischen Kultur überwarfen wie einen blutigen Mantel, unversehens Universalsprache – Poesie.

In einem Bauernflecken in Morelos, in dem die Aztekensprache Náhuatl noch gepflegt wird, fanden wir in einer kleinen Broschüre ein Gedicht. Wir wissen nicht, wie alt es ist. Die Spanier hätten darin wohl einen weiteren Beweis für ihre Behauptungen gefunden:

Cente Telpocatl oqui tlazohtlaya
cente ichpocatl
zecpa oqui ilhui, nimitz
tlazohtla.
Ichpocatl oqui nanquillih,
tla melahuac tinech tlazohtla,
xinech macaiyolo mo nanah
telpocatl otzicuin ipan i chan
huan oqui quixtillih i yolo i
nanah; cuac oquipix in yolo
ipan ima, otzicuin. Ipan
tzicuinilíztli omotepotlamih
huan ohuetz. In yolo o Tlahto
huan oquihto: no conen,
otimo cocoh?

Ein Junge liebt ein Mädchen
Und sagt eines Tages zu ihm:
Ich liebe dich.
Das Mädchen erwidert:
Wenn's wahr ist, daß du mich liebst,
Schenk mir das Herz deiner Mutter.
Der Junge rennt nach Hause
und reißt seiner Mutter das Herz aus dem Leib.
Nun, das Herz in den Händen,
eilt er zum Mädchen,
stolpert und stürzt.
Das Herz spricht:
Mein Sohn, hast du dir weh getan?

Das Verwirrende und Erregende

Mexiko für einen Freund

»Das ist das Verwirrende und Erregende dieser Welt: das Dunkel aus dem sie kommt.«

Egon Erwin Kisch

Lieber X,

war's schön in Mexiko? – hast Du gefragt, als wir vor Jahren von unserem ersten Aufenthalt zurückkehrten. Wir spürten den Reflex: klar doch, super, wunderschön, unglaublich, einzigartige Strände, phantastische Indiomärkte, magische Ruinenstädte, herrliche Landschaften, wahnsinnig freundliche Leute etc. etc. Doch ebensoschnell tauchten jene Bilder auf, die uns irritiert hatten, Bettler, hungernde Kinder, Gewalt, Ungerechtigkeit, Unnahbarkeit, Schmutz. Und dazwischen, zwischen den Erinnerungen an das sehr Häßliche und das sehr Schöne, breitete sich der große weiße Fleck all dessen aus, was wir nicht verstanden, was uns ratlos gemacht hatte, das Fremde, das Rätsel Mexiko, das einen packt oder schon bald die Flucht ergreifen läßt. Uns hatte es gepackt. Wir wollten mehr erfahren über die Regeln des Chaotischen, des Sowohl-als-auch, über das Zwiespältige, Doppelbödige, das Uneinheitliche, über das Schöne neben dem Harten, das Einfache unter dem Barocken, über das Bittere hinter der Süße, das Weise im Abweisenden: über Mischungen und die Kraft, die diese bizarre Welt im Innersten zusammenhält. Schließlich und nicht zuletzt: über Verwandtschaften, über unsere Welt, uns selbst. Ein paar Antworten haben wir inzwischen aufgespürt. Und einen Haufen neuer Fragen ...

Dank

Ocachicualli, Rosario Alcocer, Sol Bivian, ohne die nichts gegangen wäre; Jacqueline Meier für die treuen Dienste zu Hause; unseren Eltern; Eliana Cárdenas und Ortolf Karla, die uns über die ersten Hürden halfen, Jao Matteo; Fabiana Baettig und Marco Morell für Zu- und andere Sprüche, Luisa, die die große Welt schon in die Wiege bekam; Cyrill Schläpfer; Jan Van Bilsen; Adalberto Santana und den Kindern von Acapantzingo.

Hinweise zur Aussprache

Die Anmerkungen beziehen sich auf mexikanisches Spanisch. Unterstreichungen bezeichnen einen betonten (im allgemeinen kurzen) Vokal.

agua	agua
ahorita	aoridda
Baja California	Bacha Galifornja
Buñuel	Bunjuel
cacique	gasigge
café de olla	gaffe de oja
cerquita	serggidda
Chayo	Dschayo
Chiapas	Dschjapas
chicle	dschiggle
Chihuahua	Dschiuaua
Chilangos	dschilangos
chile	dschile
chocolate	dschoggoladde
compañero	gompanjero
conquistador	gonggistador
criollo	ggriojo
Cuernavaca	Gwernavagga
frijol	frichol
gachupín	gadschupin

Guadalupe	Gwadalupe
güera / güero	gwera / gwero
guerrero	gerrero
guerrilla / guerrilleros	gerija / gerijeros
güija	gwicha
huicholes	uidscholes
indígena	indichena
Jacaranda	Chacaranda
Juana	Chuana
José	Chose
Juchitán	Chudschitan
jugo de naranja	chugo de narancha
Llorona	jorona
Luis	Luis
macho	madscho
maguey	magey
Malinche	Malintsche
mañana	manjana
mariachi	mariadschi
mestizo	mestiso
México	Mechigo
Mexicas	Mechigas
Mezquital	Mesgital
Miguel	Migel
mixiote	mischote
mojo de ajo	mocho de acho
Oaxaca	Oahagga
palenque	palengge
Pancho Villa	Pantscho Vija
paquete	paggete
piloncillo	pilonsijo
piña colada	pinja golada

pulque	pulgge
Quetzalcóatl	Getsalggoaddl
Querétaro	Geretaro
¿quién?	gien?
quiere	gjere
rancho	randscho
señor / señora	senjor / senjora
tabachín	tabadschin
Teotihuacán	Teotiuacan
Tenochtitlán	Tenoschtitlan
tequila	teggila
tortilla	dorddija
Xalitzintla	Schsalitsintla
Xaltitla	Schsaltitla
Xanic	Schsanig
Xochimilco	Schsodschimilggo
Zapata	Sapata
Zihuatanejo	Siuatanecho
zócalo	soggalo

Bücher, die wir empfehlen

Im Reich der Sinne

Bernal Díaz del Castillo: Die Eroberung von Mexiko. Insel, Frankfurt/M. 1982.
Einer der Vertrauten von Cortés erzählt die Erlebnisse um die Niederwerfung Mexikos plastisch und – obwohl der Autor Spanier ist – stets nach dem italienischen Motto: *Se non è vero è ben trovato* (Wenn's nicht wahr ist, ist's gut erfunden).

Malcolm Lowry: Unter dem Vulkan. Roman. rororo, Hamburg 1994.
Tod in Mexiko. Ein Schlüsselroman des 20. Jahrhunderts.

Jack Kerouac: Engel, Kif und neue Länder. Roman. rororo, Hamburg 1971.
Der rasende Dichter der *Beat-Generation* macht Halt in Mexiko.

Unpünktlich! Unzuverlässig! Undiszipliniert!

Jacques Soustelle: Das Leben der Azteken. Mexiko am Vorabend der spanischen Eroberung. Manesse, Zürich 1986.
Galt über Jahre als fundierteste Darstellung des aztekischen Alltags. In einigen Punkten (siehe »Amerikanische Antike«) überholt.

Mestizen an die Macht

Hernán Cortés: Die Eroberung Mexikos. Insel, Frankfurt/M. 1980.
Selbstrechtfertigung des erfolgreichen Eroberers.

Eric Wolf: Sons of the Shaking Earth. The people of Mexico and Guatemala – Their Land, History, and Culture. The University of Chicago Press, Chicago 1959.
35 000 Jahre Geschichte Mexikos und Mesoamerikas – einfühlsam und aus wohltuender Distanz.

Luis González: Pueblo en vilo. Colegio de México, Mexiko 1968.
Ein Wissenschaftler mit Wurzeln in der Provinz rekonstruiert ein Jahrhundert Geschichte aus der Froschperspektive. Authentischer als manche wissenschaftliche Höhenflüge.

Alan Riding: 18 mal Mexiko. Piper, München 1986.
Umfassende Bestandsaufnahme aus der Ära vor dem Freihandelsvertrag mit den USA.

Jetzerchen und näherlein

Juan Rulfo: Der Llano in Flammen. Kurzgeschichten. *Pedro Páramo.* Roman. Hanser, München 1989.
Die einfachen Menschen im Nordwesten Mexikos werden in Rulfos schmalem Werk zu Hauptdarstellern der Weltliteratur. Der dichterische Schlüssel zur mexikanischen Seele.

Luis Buñuel: Mein letzter Seufzer. Hanser, München 1975.
Die Memoiren des berühmtesten mexikanischen Cineasten.

Schmieren und Salben hilft allenthalben

Walther L. Bernecker: Schmuggel – Illegalität und Korruption im Mexiko des 19. Jahrhunderts. Vervuert, Frankfurt/M. 1989.
Eine der seltenen Annäherungen an ein nicht so seltenes Phänomen.

Auf der Suche nach den Ureinwohnern

B. Traven: Die Rebellion der Gehenkten. Diogenes, Zürich 1983. *Der Schatz der Sierra Madre.* Ullstein, Berlin 1997.
Die Indios im Süden Mexikos sind die Protagonisten vieler Romane eines der erfolgreichsten Bestsellerautoren des 20. Jahrhunderts. Traven über sich selbst: »Er schreibt Dokumente, nichts anderes; Dokumente, denen er, leichterer Lesbarkeit wegen, die Form von Romanen gibt.«

Yvon Le Bot: Subcomandante Marcos – El sueño zapatista. Plaza y Janés, Barcelona 1997 (Frz. Originalausgabe Editions du Seuil, Paris 1997).
Interviews mit Marcos und zwei seiner *comandantes.* Das Vorwort beschreibt den Weg von den Konflikten innerhalb der Indio-Gemeinden von Chiapas bis zur Entstehung der Guerilla.

Fernando Benítez: Los indios de México. 5 Bände. Ediciones Era, Mexiko 1967–1980.
Die umfassendste neuere Bestandsaufnahme der indianischen Völker Mexikos. Im gleichen Verlag gibt es auch eine Auswahl in einem Einzelband.

Juan Pérez Jolote: Tzotzil. Suhrkamp, Frankfurt/M. 1995.
Ein Indio aus dem Hochland von Chiapas erzählt aus seinem Leben.

Angel María Garibay: Panorama Literario de los pueblos nahuas. Porrúa, Mexiko 1987.
Maßgebende Darstellung der Literatur der Azteken und ihrer Nachfahren.

Ein Mekka für Machos

Veronika Bennholdt-Thomsen (Hrsg.): Juchitán – Stadt der Frauen. rororo, Hamburg 1994.
Ein Team von Forscherinnen untersucht die rätselhafte Stadt und kommt zu erstaunlichen Resultaten.

Graciela Iturbide/Elena Poniatowska: Juchitán de las mujeres. Ediciones Toledo, Mexiko 1989.
Bereits ein Klassiker der Fotografie.

Französische Täubchen und aztekische Enten

Calderón de la Barca: La vida en México – durante una residencia de dos años en ese país. Erstmals im englischen Original 1843 in Boston erschienen. Aktuelle spanischsprachige Ausgabe Porrúa, Mexiko 1994.
Eine Fundgrube über den Alltag im 19. Jahrhundert nach der Loslösung von Spanien.

Salvador Novo: Cocina mexicana o Historia gastronómica de la ciudad de México. Porrúa, Mexiko 1993.
Eine kulinarische Reise durch die Jahrhunderte für Geist und Gaumen.

Alicia Gironella De'Angeli & Jorge De'Angeli: Gran Libro de la Cocina mexicana. Ediciones Larousse, Mexiko 1988.
Neben den Rezepten zu allen Klassikern der mexikanischen Küche vermitteln die Autoren viel Wissenswertes zu Küche und Kultur.

Eine Stadt nach der Apokalypse

Alexander von Humboldt: Politische Ideen zu Mexiko. Mexikanische Landeskunde. Wissenschaftliche Buchgesellschaft, Darmstadt 1991.
Auf diesen von Materialfülle überquellenden Bericht des deutschen Forschungsreisenden stürzten und stützten sich in Mexiko die fortschrittlichen Kräfte des 19. Jahrhunderts. Noch immer eindrucksvoll.

Amerikanische Antike

Peter Hassler: Menschenopfer bei den Azteken? Eine quellen- und ideologiekritische Studie. Europäische Hochschulschriften. Peter Lang AG, Europäischer Verlag der Wissenschaften, Bern 1992.

Bringt die über Jahrhunderte gepflegte Theorie von Menschenopfern bei den Azteken ins Wanken.

Aus der Welt der Azteken. Die Chronik des Fray Bernardino de Sahagún (Auswahl). Insel, Frankfurt/M. 1989.
Aus dem »Codex Florentinus«. Spannend, voller haarsträubender Details. Nicht ganz so authentisch, wie er scheint.

Miguel León-Portilla und Renate Heuer: Rückkehr der Götter. Die Aufzeichnungen der Azteken über den Untergang ihres Reiches. Vervuert, Frankfurt/M. 1986.
Ein Großteil der Texte stammt aus der Chronik des Sahagún (siehe dort).

Bartolomé de las Casas: Kurzer Bericht von der Zerstörung Neuspaniens.
Ein spanischer Ordensmann des 16. Jahrhunderts liest seinen Landsleuten die Leviten und bricht eine Lanze für die Indios.

Nikolai Grube u. a. (Hrsg.): Die Welt der Maya. Verlag Philipp von Zabern, Mainz 1993.
Ursprünglich ein Ausstellungskatalog, gibt der Band einen umfassenden Überblick über das heutige Wissen von den Maya.

Last but not least

Historia mínima de Méxcico. Colegio de México, Mexiko 1973 (auch englisch unter dem Titel *»A Compact History of Mexico«*).
Nützliche, knappe Übersicht über vier Jahrtausende Mexiko.

Elena Poniatowska: Allem zum Trotz ... Das Leben der Jesusa. Lamuv, Bornheim-Merten 1992.
Das 20. Jahrhundert aus der Perspektive einer einfachen Mexikanerin. Eindrückliche Lebensgeschichte unter dem Motto: entweder gebunden und unverstanden oder unabhängig und einsam.

Egon Erwin Kisch: Entdeckungen in Mexiko. Kiepenheuer & Witsch, Köln 1981.

Exemplarische Reportagen voller Details aus den vierziger Jahren.

Oscar Lewis: Die Kinder von Sánchez. Selbstporträt einer mexikanischen Familie. Lamuv, Bornheim-Merten 1982.
Ein Klassiker der Ethnologie, der das Leben einer armen Familie in Mexiko-Stadt zum Thema macht.

Pablo Neruda: Ich bekenne, ich habe gelebt. Luchterhand, Darmstadt und Neuwied 1974.
In seinen Memoiren setzt der chilenische Dichter und Nobelpreisträger Mexiko ein Denkmal.

Octavio Paz: Das Labyrinth der Einsamkeit. Suhrkamp, Frankfurt/M. 1980.
Eine Reise durch die mexikanische Geschichte mit der Fragestellung: Was macht uns Mexikaner (die Männer) zu Mexikanern?

Carlos Fuentes: Nichts als das Leben. Roman. Suhrkamp, Frankfurt/M. 1977.
Eines der besten Werke des mexikanischen Vielschreibers.

Martin Hielscher (Hrsg.): Fluchtort Mexiko. Luchterhand Literaturverlag, Hamburg/Zürich 1992.
Auf den Spuren des Exils in Mexiko – von B. Traven über Pablo Neruda bis zu Malcolm Lowry. Mit vielen Originalzeugnissen.

Sehr viel verdanken wir der Tageszeitung »*Reforma*«, gegründet 1993 und selber ein Stück Geschichte des neuen Mexiko.

PIPER

Julia Alvarez

Yolanda

Roman. Aus dem Amerikanischen von Irene Rumler.
361 Seiten. Gebunden

Im Mittelpunkt steht Yolanda García, eine attraktive, aber exzentrische Schriftstellerin, die als Kind mit ihrer Familie aus der Dominikanischen Republik in die USA gekommen ist. Hier aufgewachsen, doch immer noch in der Heimat verwurzelt, sucht sie nun ihre persönliche und künstlerische Identität: ein Balanceakt, auf dem sie wie so viele Einwanderer immer zwischen zwei Kulturen wandeln und mit zwei unterschiedlichen Mentalitäten jonglieren muß. Jede der sie umgebenden Personen – ihre Schwestern, ihre Freundinnen sowie ihre diversen Liebhaber und Ehemänner – erhält reihum Gelegenheit, Yolandas schillerndes Leben mit Charme, Humor und Ironie nachzuzeichnen. Eifersüchteleien innerhalb der Familie, Empfindlichkeiten gekränkter Liebhaber und Yolandas ebenso einnehmender wie schwieriger Charakter sind die Variationen des vielstimmigen Konzerts über ein Thema: die Lebensgeschichte einer Erfolgsautorin, die, versteckt hinter ihrer selbstbewußten Fassade und eingebunden in ein bewegtes Familienleben, auf der Suche ist nach einem Platz, den sie Zuhause nennt.

PIPER

Jesús Díaz
Die Haut und die Maske

Roman. Aus dem kubanischen Spanisch von Wilfried Böhringer. 305 Seiten. Leinen

Iris und Lidia kehren nach langjährigem Exil zu Besuch nach Kuba zurück. Während Lidia sofort ein stürmisches inzestuöses Verhältnis mit ihrem Vetter Orestes anfängt, versucht Iris herauszufinden, was mit der von ihr vor Jahren zurückgelassenen Familie passiert ist – das ist der Ausgangspunkt dieser meisterhaft konstruierten Geschichte. Dazu hat Díaz eine zweite Ebene wie einen roten Faden virtuos in die Handlung eingewoben: Sie spielt während der Dreharbeiten zu einem Film, »Die Haut und die Maske«, in denen die privaten Leidenschaften und die politischen Konflikte sämtlicher Mitwirkender aufbrechen.

»Jesús Díaz verbindet höchste literarische Ansprüche mit gesellschaftlichem Engagement und serviert diese Mischung auf die unterhaltsamste Art.«
Tages-Anzeiger Zürich

PIPER

Barbara Kingsolver
Die Pfauenschwestern

Roman. Aus dem Amerikanischen von Astrid Arz.
442 Seiten. Geb.

»Cosima ist nicht gerade glücklich über ihre Heimkehr nach Arizona, in das heiße Wüstendorf Grace mit seinen künstlich bewässerten Obstplantagen und den zahmen Pfauen, in dem sie und ihre Schwester Halimeda aufgewachsen sind. Die letzten 14 Jahre haben sie gemeinsam in der Schule verbracht, aber nun ist Hallie nach Nicaragua gefahren, um beim Wiederaufbau des zerstörten Landes zu helfen. Cosima muß sich allein mit der Vergangenheit herumschlagen, mit dem senilen Vater, den immer wieder aufbrechenden traumatischen Erinnerungen. Sehr spannend, nachdenklich und klug beschreibt Barbara Kingsolver, wie Cosima allmählich gesundet und sich vergrabenen Gefühlen und verleugneten Schmerzen zu stellen vermag: dem Tod der Mutter, dem Verlust des eigenen Babys.«
Brigitte

MALIK

Dawn Powell

Meine ferne Heimat

Roman. Aus dem Amerikanischen von Barbara Heller.
343 Seiten. Geb.

Der poetische Roman einer Kindheit im ländlichen Ohio gehört zu den großen amerikanischen Romanen dieses Jahrhunderts.
Im Mittelpunkt stehen die kleinen Willard-Mädchen: die hübsche, sanfte Lena, die kluge Marcia mit dem sagenhaften Gedächtnis (hinter der sich die Autorin verbirgt) und das ewig plärrende Baby Florrie. Der Umzug in die Provinzhauptstadt ist für sie eine Reise in eine neue unbekannte Welt voller Wunder. Auf der Fahrt dorthin sehen sie einen Mann in einem Fesselballon, die schöne Tante Lois, bei der sie Station machen, das düstere Veteranenheim... Die familiäre Idylle, die anfangs nur durch die ewigen Geldsorgen des Vaters getrübt ist, geht schließlich durch den Tod der Mutter für immer verloren.
Beglückend und leicht, aber wie so viele Kindheitsgeschichten auch von großer Melancholie und Traurigkeit, bietet dieser Roman einige Stunden eindrucksvoller Lektüre.

MALIK

Shay Youngblood
Soul Kiss

Roman. Aus dem Amerikanischen von Astrid Arz.
230 Seiten. Geb.

Für die siebenjährige Mariah, die ihren Vater nie kennengelernt hat, ist ihre schöne Mutter Coral der Dreh- und Angelpunkt ihres Lebens. Die Tage der beiden sind erfüllt von Geschichten, Zärtlichkeiten und der Geborgenheit, die die Mutter dem kleinen Mädchen gibt.
Doch eine gescheiterte Liebesgeschichte wirft Coral dann aus der Bahn: Um Mariah vor ihrer Verzweiflung zu schützen, bringt sie sie bei zwei alten Tanten in Georgia unter – mit dem Versprechen, sie bald zu sich zurückzuholen. Mariah wartet jahrelang vergeblich; sie verbringt ihre Zeit mit Cellostunden, mit Kirchgängen und mit ihrer besten Freundin Joy, die für sie bald mehr ist als nur eine Vertraute. Die Sehnsucht nach ihrer eigenen Familie verzehrt sie so sehr, daß sie sich, als Vierzehnjährige, auf die Suche nach ihrem Vater macht…
Ein zarter, poetischer Roman über die erotischen Verwirrungen eines jungen Mädchens, das am Ende erkennt, was wirklich Liebe ist.